Índice de Contenidos

Introducción

Qué elección tan curiosa ha hecho al leer este libro. O es un practicante de magia desde hace mucho tiempo, o es un principiante que busca orientación. De cualquier manera, está leyendo esto por una razón. Algo lo ha atraído a este libro, sobre todos los otros que hay. Así que aférrese a él.

Puede saltar a las áreas que más le interesan si ha estado practicando magia por un tiempo. Si es un principiante total, le conviene comenzar desde el principio.

Descubrirá que este trabajo no se parece a ningún otro. Está actualizado, es muy fácil de entender, y no lo deja rascándose la cabeza pensando en qué ocurre con cada página. Los ejercicios y métodos que se encuentran aquí son muy sencillos de seguir. Dicho esto, no deje que su simpleza lo engañe, ya que son diez veces más potentes que simples.

Lea este libro sobre magia con una mente abierta y ponga en práctica todo lo que está a punto de aprender. Lo que descubrirá es un mundo lleno de magia y maravillas, en el que continúa viviendo su Verdadera Voluntad. Imagínese vivir una vida en la que sea productivo y crezca en espíritu y en verdad, ya sea que esté despierto o dormido.

Imagínese comprender que el mundo a su alrededor rebosa de incluso más actividad de la que puede percibir, y hay energías con las que puede trabajar para esculpir la vida que está hecha para usted y nadie más. Estos son los tesoros que está a punto de descubrir.

Este texto no es necesariamente la última parada de autobús con todas las cosas sobre magia, pero le ofrecerá la información más básica, útil y práctica que, cuando se aplique, ¡definitivamente dará sus frutos de grandes maneras! Resalte las secciones importantes, vuelva a leer los capítulos del libro, y emprenda una maravillosa aventura mientras explora las ideas de estas páginas cuando haya terminado.

Para cuando termine, habrá aprendido mucho, y si he hecho bien mi trabajo, concluirá que no ha aprendido lo suficiente... Ni nunca podría. El objetivo de este libro es darle lo que necesita para prender un fuego en su alma y ponerse en marcha en una búsqueda para ser más de lo que ya es. Le ayudará a expresar todos los maravillosos dones que permanecen dormidos en usted, y descubrir que en lo que respecta a la vida mágica y la búsqueda del conocimiento, no hay fin. Solo hay más profundidad... y esto es algo maravilloso, de hecho.

Capítulo Uno: Reconociendo la Magia Interior

Comencemos nuestra exploración de la magia entrando en la etimología y el origen de la palabra "magia". Nos centraremos en la magia en el contexto de las definiciones del gran Aleister Crowley, mirándola a través del lente de su Thelema. Crowley fue un místico, un escritor y un mago ceremonial, un maestro de los rituales más complejos y elaborados de la magia.

Crowley desarrolló la filosofía esotérica del Thelema a principios del siglo 20. La palabra *thelema* tiene un significado simple, pero potente, para el místico que ve más allá de lo ordinario. Significa "voluntad". O, si prefiere otra forma de decirlo:

- "Querer"

- "Desear"

- "Anhelar"

- "Propósito"

Sin entrar demasiado en el *thelema* y fuera del tema que le interesa, resumamos esto aclarando los tres pilares clave que sostienen la filosofía thelémica según Crowley:

1. **"Haz Tu Voluntad, Será la Totalidad de la Ley"**. Depende de usted, como verdadero seguidor del Thelema buscar el camino que más resuene con usted y seguirlo. Este camino es su Verdadera Voluntad. Es su resonancia momento a momento con la naturaleza. Es usted cumpliendo el llamado más alto para su alma.

2. **"El Amor es la Ley, Amor Bajo Voluntad"**. Esto significa que debe comprender que en el núcleo mismo del Thelema está el amor. El amor reina, pero solo es secundario a descubrir cuál es su verdadera misión y manifestar su auténtico destino o voluntad.

3. **"Todo Hombre y Toda Mujer es una Estrella"**. Así como cada estrella del universo tiene su propio lugar en el espacio, y así como cada estrella es única e inconfundible en sí misma, también lo es todo el mundo en la Tierra. Como seguidor del Thelema, entienda que todos tienen su huella única, con sus propias Voluntades, que deben cumplir. Usted tiene un camino propio, como el cajero de Starbucks o el ejecutivo de negocios que mira pensativamente su reloj. Dado que todos tienen sus caminos únicos, no es necesario que haya ningún conflicto entre ellos.

Ahora volvamos a la magia. Magia, según Aleister Crowley, es un término que crea una sorprendente distinción entre la magia de actuación, como la que vería en un escenario (sacar conejos de los sombreros, cortar personas por la mitad) y lo oculto. Este último está más relacionado con el misticismo y los misterios que los científicos no pueden describir y no se pueden empaquetar cuidadosamente en un cuento de hadas religioso.

Crowley define la magia como "la Ciencia y el Arte de hacer que el Cambio ocurra en conformidad con la Voluntad", lo que implica actos y rituales voluntariosos y comunes y corrientes. Básicamente, puede crear el cambio que busca en cualquier objeto, siempre que esa transformación sea posible y esté permitida por las leyes de la naturaleza.

La única forma de comprender su yo real es actuar de acuerdo con su verdadera voluntad. Si va a hacer que esto suceda, entonces nunca encontrará un mejor camino o método que la práctica de la magia. En otras palabras, es crucial que acepte la presencia de la magia dentro de usted. Su verdadera voluntad es el punto de encuentro entre su destino y su libre albedrío.

En palabras del Maestro Crowley, en la página 134 de Magick, Libro 4, *"Uno debe averiguar por sí mismo, y asegurarse más allá de toda duda, quién es, qué es, por qué uno es... Siendo así consciente del curso adecuado a perseguir, lo siguiente es comprender las condiciones necesarias para llevarlo a cabo. Después de eso, uno debe eliminar de sí mismo todo elemento ajeno u hostil al éxito, y desarrollar aquellas partes de uno mismo que son especialmente necesarias para controlar las condiciones mencionadas".*

El Objetivo de la Magia

Quizás se pregunte de dónde viene la "k" en esta manera de escribir magia en inglés. No, no es un error tipográfico; así es como se escribía en el inglés moderno temprano, y esta es la forma de escribir que encontrará en todos los escritos de Aleister Crowley. Una vez más, distingue los trucos infantiles y el poder real a través del conocimiento y la aplicación de lo oculto.

Con la magia, puede crear el cambio que busca simplemente usando el tipo correcto de fuerza, en la cantidad correcta, a través del método correcto y los mecanismos adecuados. Es una ciencia porque debe mirarse a sí mismo bajo un microscopio figurativo para que pueda entender qué lo hace único. También es un arte porque tiene que ser capaz de tomar lo que aprende y aplicarlo a su vida de una manera que produzca resultados.

No se puede divorciar la magia de lo paranormal. En lugar de dejar que eso lo asuste, abrácelo porque los efectos paranormales de la magia resultarán útiles para su desarrollo. El propio Crowley testifica sus propias experiencias con estos poderes, que aparecieron cuando no los necesitaba realmente. Advirtió que podían ser increíblemente seductores y desviarlo del camino de descubrirse a sí mismo. Tiene que rechazar esos poderes o "Siddhi", como se los conoce en la filosofía ayurvédica.

Sin embargo, Crowley admite que aún se puede extraer algo bueno de esos efectos. Siempre que tenga dudas sobre la realidad o la potencia, tener esas expectativas le recordará que todo es muy real e incluso el estudiante más avanzado debe lidiar a menudo con estos pensamientos dudosos. Entonces, la mejor manera de usarlos es como un recordatorio de que, de hecho, usted está en su verdadero camino.

Una Explicación Racional de la Magia

Desafortunadamente, hay mucha información errónea respecto a la magia, especialmente porque está codificada en metáforas y símbolos que fácilmente se prestan a una mala interpretación por parte de los no iniciados o ignorantes. Entonces, ¿de qué se trata realmente la magia? Bien, mantenga la mente abierta y prepárese para dejarse llevar.

Reconsiderando la definición de magia de Crowley, pensaría que la magia significa que puede usar poderes sobrenaturales para convertir a un cerdo en un unicornio o darle a una cabra cinco patas adicionales. Este no es el cambio al que Crowley se refiere bajo ningún ámbito de la imaginación. Eso solo es posible en la animación. Entonces, ¿qué es magia en la más racional y práctica de las definiciones? Supongamos que tiene sed. Su voluntad es saciar su sed. Entonces, va a la nevera, saca algo de beber y ya no tiene sed. Ha creado el cambio que buscaba en su cuerpo, o en su realidad física, usando su propia voluntad.

Si la magia se tratara solo de cosas simples como saciar la sed o alimentarse, no tendría sentido leer este libro o estudiar la magia en sí. Ya sabe cómo hacer esas cosas básicas. El ejemplo fue simplemente para ilustrar de la manera más básica de qué se trata la magia. Es simplemente el proceso de actualizar las ideas que tiene en mente usando su voluntad para hacerlas concretas. En otras palabras, usted usa su voluntad para manifestar sus deseos en la realidad tridimensional.

Por favor tenga en cuenta que esto no significa que todo lo que hace sea mágico. Para que pueda realizar magia, debe poseer la mentalidad de un mago. Debe comprender de manera innata que todo lo físico es básicamente arcilla que puede moldear en la forma que quiera que asuma. Nuevamente, esto no tiene nada que ver con desafiar las leyes preestablecidas de la naturaleza o la física. Si alguien le dice que puede volar desde un edificio, le animo a voltear la cabeza hacia ellos, y entrecierre los ojos con sospecha mientras retrocede muy lentamente. Simplemente entienda que su vida es suya para convertirla en lo que quiera que sea. Esa es la mentalidad del mago. Esa es la posición del poder verdadero y puro y sin límites.

La clave para tener poder en su vida es saber quién es, qué es, y su razón de ser. Una vez que tenga este conocimiento, el siguiente paso en el camino es establecer una meta para usted, preferiblemente una con la que resuene profundamente. Debe saber exactamente qué es lo que tiene para lograr estos objetivos. El paso final es deshacerse de cualquier cosa dentro de usted, dentro de su mente, que pueda dificultar la realización de esos objetivos mientras perfecciona las habilidades que necesita para que todo suceda para usted.

Digamos que su objetivo es convertirse en un maestro de renombre mundial sobre las leyes del universo. Bien, definitivamente necesitará tener algún medio o plataforma para compartir sus enseñanzas con el mundo. Eso podría significar conferencias en las que hable con multitudes, o podría significar tener una cuenta de Twitter en la que suelte 160 palabras de sabiduría por tweet para que las personas las sigan y las digieran.

Sin embargo, es posible que tenga una debilidad que le impida alcanzar sus objetivos. Digamos que tiene miedo de compartir sus ideas, o siente terror al hablar con multitudes. ¿Qué hace para eliminar esas debilidades? Bueno, podría exponerse gradualmente a situaciones en las que deba hablar con cinco, tal vez diez personas a la vez.

También puede tomar clases sobre cómo hablar en público mientras hace esto, para ganar confianza y perder el miedo a dirigirse a las masas. Podría asistir al karaoke, cantar una canción o dos. Podría recitar poesía en la noche de micrófono abierto. Lo que sea que haga, hágalo con la conciencia de que está dando forma a su realidad en una en la que ha logrado su objetivo establecido de enseñar al mundo acerca de cómo funciona el universo.

Magia y PNL

Hablemos acerca de invocar demonios, y por el momento tratemos de deshacernos de nociones preconcebidas sobre lo que los demonios son o no son. Suponga que cada día tiene un ritual que consiste en invocar a un demonio que le permite hablar con confianza y carisma, sin miedo ni vacilación. Este demonio le hace sentir invencible, fuerte y poderoso.

Ahora, suponga que está en una charla de Ted, y está a punto de comenzar su presentación, por lo que convoca a este demonio para que lo ayude, para que no le tema a la multitud y no se preocupe si comete errores. Esta técnica no es tan descabellada como cree. Es simplemente programación neurolingüística, de la que posiblemente ha oído hablar como PNL.

Una técnica de PNL muy popular es asumir que es un gigante. Usted es alto, fuerte, poderoso, y se eleva sobre todos los demás en la sala. Cuando imagina que es este poderoso gigante, lo siente en su cuerpo y en su mente. Ahora, cuando tenga esa sensación en usted, puede presionar el pulgar y el dedo miedo entre sí en las puntas. Esa acción se conoce como un ancla, lo que significa que está anclando la sensación de ser ese gigante invencible al simple acto de tocar juntos el dedo medio y el pulgar. Ahora, cada vez que haga eso, el sentimiento lo invade automáticamente. Puede usar esta ancla cuando esté a punto de dar un discurso, o simplemente necesita un golpe de coraje y poder. Esto funciona con el mismo mecanismo que ocurre cuando escucha una canción, y su cuerpo y su mente se transportan instantáneamente al momento y lugar en donde la escuchó por primera vez.

El objetivo de todo esto es dejarle claro que no hay nada loco ni antinatural en la magia o los rituales. Todo tiene sus raíces en la psique humana. Entonces, si alguna vez asumió que podría hacer aparecer un portal en el cielo usando magia o que literalmente podría levantar una montaña con su mente y arrojarla al mar, entonces debe desengañar esa noción ahora mismo. Lo último sobre arrojar una montaña al mar fue una parábola popular en la Biblia. Una parábola es una metáfora, una historia que simboliza una idea o un concepto. Tomarla literalmente es una tontería. Como practicante de magia, continuará desarrollando un sentido de simbología y un verdadero significado donde otros pierden el rumbo.

El Poder Está Dentro de Usted

Personas como Aleister Crowley entienden que todos tenemos dentro de nosotros el poder de esculpir la realidad como deseamos. Tenemos la habilidad innata de tomar el control de nuestras vidas y hacer de ello lo que queramos. Esto se refleja en el principio thelémico que dice: "haz tu voluntad". Lamentablemente, muchas personas han sido engañadas al pensar que deben inclinarse ante un Dios externo para lograr lo que desean, sin darse cuenta de que ellas mismas son Dios. Así es. Usted es Dios, dueño de su destino. No recurra a nadie más que usted mismo para lograr sus sueños.

Los libros sagrados están llenos de historias porque era la única manera de explicar psicología en términos con los que la gente pudiera identificarse. Los hombres y mujeres sabios de esa época recurrieron a la historia y la alegoría para explicar el poder de la mente, el poder que está dentro de todos nosotros. Desafortunadamente, la gente ha tomado lo alegórico y ha asumido que todo es literal.

Esto explica la alquimia. Nunca se trató de la transformación real de otros materiales en oro. Era simplemente un medio para explicar que, para convertirse en la versión más elevada y grandiosa de usted mismo, necesita deshacerse de todo lo que hay en usted y acerca de usted que se interponga en el camino de convertirse en oro. Esto significa trabajar en uno mismo psicológicamente.

El psicólogo Jung conocía el verdadero significado de las enseñanzas esotéricas y gnósticas y las convirtió en una parte fundamental del trabajo de su vida. Cuando se purifica deshaciéndose de sus debilidades y de todas las tendencias que le impedirían alcanzar la grandeza, se transformará de un material ordinario a oro puro.

Cuando Crowley habló de entender quién es, qué es y por qué es, se refería a la psicología. Cuanto más conocimiento tenga de sí mismo, más aumentará su poder. Su conciencia seguirá creciendo y expandiendo, lo que lo llevará a tener ideas nuevas, diferentes y poderosas en su mente, las que luego puede usar para dar forma a su vida como desee.

El verdadero mago es poderoso porque no tiene dudas acerca de quién es, qué es y por qué existe. Ni siquiera se llama a sí mismo mago. La palabra "mago" viene con mucho lastre. Dígale a alguien, "soy un mago", y asumirá que usted está loco o le pedirá entradas para su próximo espectáculo, incluso si no tiene intención de asistir. Se trata más de llevar sus metas a la realidad física, entendiendo que la palabra "magia" es problemática.

En Pocas Palabras...

La magia es el arte y la ciencia de manifestarse usando rituales, imaginación, arquetipos y símbolos. Con el ritual, aprovecha la energía necesaria para crear su realidad, para influir las cosas para que ocurran a su manera.

Hay quienes asumen que esto es una locura. "Todo está en tu cabeza", le dicen. Está todo inventado. Sin embargo, es difícil ignorar los efectos que los rituales mágicos tienen en su cuerpo. Siente la energía crepitante y siente los cambios en su forma de pensar. Ve cambios reales en la forma en que vive su vida, así como resultados reales. Para algo que está completamente en su cabeza, la magia del ritual es innegablemente poderosa. Puede decirle fácilmente a los no creyentes, como lo dijo Lon Milo DuQuette, "Todo está en tu cabeza... Simplemente no tiene idea de lo grande que es su cabeza".

Algunas personas ven la magia a través del lente de la energía. Creen que el practicante de magia simplemente genera energía que interactúa con la materia, por lo que crea cambios, ya sea cerca o lejos. Los neurocientíficos argumentan que esta energía es autogenerada, y surge de su cerebro y sistema nervioso. Otros, incluidos los físicos cuánticos, dicen que la conciencia o la energía es de lo que está hecho el universo; y lo último se está demostrando cada vez más. Lea "Magia Real" del Dr. Dean Radin para obtener más información sobre el tema que influye en el pensamiento.

Cuando se trata de magia, la última mentalidad asume que todo sucede pidiendo la ayuda de espíritus o ángeles para hacer realidad nuestros objetivos. Aceptar esto significaría que también debemos aceptar que hay todo un espectro de vida totalmente diferente del que no estamos al tanto como humanos, un universo completamente distinto con el que podemos interactuar al ser deliberadamente conscientes de él. Si estos seres existen, simplemente actúe asumiendo que son reales y le ayudarán a producir resultados notables en todo momento.

Si no recuerda nada más sobre la magia, tenga en cuenta estas tres cosas:

- **La Magia se Trata de Intención.** Sabe lo que *realmente* quiere, no solo lo que cree que quiere. Esta es su intención, incondicionada e indómita por dudas o creencias acerca de ser indigno o no merecer su intención. Conocerá su objetivo por cuánta alegría le da y cuánto derrama todo su ser de luz y entusiasmo.

- **La Magia se Trata de Atención.** Debe concentrarse en su propósito con una mente y un corazón inquebrantables. Cuanto más pueda sentirlo, imaginarlo y aceptarlo, más rápido permitirá que la intención se despliegue y cristalice en la realidad tridimensional.

- **La Magia se Trata de Acción.** No puede simplemente sentarse en su casa, visualizar una bolsa de dinero en su armario, o un amante en su cama, y luego esperar que esas cosas le lleguen. Hay acción involucrada. Usted actúa como una muestra de fe que su meta se ha cumplido y se coloca en una posición en la que está listo para recibir su objetivo. Las cosas funcionan por sí solas después de su ritual, pero debe hacer las cosas de tiene que hacer para estar listo para recibir la manifestación física de su bendición.

Capítulo Dos: Ley Mágica: Haz Tu Voluntad

¿Qué se le viene a la mente cuando lee la ley mágica, "haz tu voluntad"? ¿La licencia para hacer lo que quiera, cuando quiera, sin importar las consecuencias? Bien, eso no es lo que Crowley quiso decir con eso. Lamentablemente, esta frase a menudo se malinterpreta, incluso por aquellos que afirman estar al tanto de asuntos de ocultismo. "Haz tu voluntad" no significa que deba involucrarse en el libertinaje o la indulgencia excesiva. La filosofía original de Crowley no era perderse en los caprichos que se le ocurrieran. Su cita se refería a la Verdadera Voluntad.

Descubrir Su Verdadera Voluntad: La Clave para la Transformación

Para conocer su Verdadera Voluntad, debe encontrar su Verdadero Ser. Cuando aprenda esto, debe hacer precisamente eso. Debe "hacer su voluntad". No se trata de darse carta blanca para ir a una matanza o sacrificar a los jóvenes e inocentes. Haga su voluntad descubriendo el verdadero propósito de su vida, encontrando su camino en el cual sumergirse, y manteniéndose en ese camino, ignorando todo lo demás.

Crowley, siempre prolífico, dio varias definiciones durante su vida. La Verdadera Voluntad es esencialmente su energía. Es eso que va a pasar expresando durante su vida o vidas. Crowley lo expresa maravillosamente cuando dice, "la Verdadera Voluntad es la razón de tu encarnación". Según Crowley en Makgia Sin Lágrimas, para descubrir la suya, "debes encontrar una respuesta a la pregunta: ¿cómo llegué a estar en este lugar en este momento, involucrado en este trabajo en particular?".

La esencia de "haz tu voluntad" es simplemente esto: el único derecho que usted tiene es hacer su Verdadera Voluntad en todo momento, en pensamiento, palabra y obra. Para ser claros, en ningún momento su Verdad causará dolor o desesperación a los demás. Nunca robará a otras estrellas como usted sus propios derechos para seguir sus propias verdades. Este principio no le da derecho a lastimar a otros intencionalmente, aprovecharse de ellos, o ponerlos en una posición peligrosa.

Encuentre su Verdadera Voluntad. Cuando lo haga, recuerde que no implicará engañar a los demás o ser deshonesto. Tampoco implicará engañar a la gente para que haga cosas que normalmente no harían por su propia voluntad en contra de sus mejores intereses, manipularlos, o cualquier otra fealdad.

Crowley lo comparó con el Tao. La mayoría de las personas asumen que se trata de acción, pero se trata de mucho más que eso. Es energía que usted manifiesta en cualquier forma que quiera. Piense en el Tao por un momento. Para seguir el Tao, no hay pensamiento consciente, es energía que fluye naturalmente, al igual que un río que sigue su corriente, sin ayuda y sin obstáculos. Todo se mueve por la fuerza de la autenticidad. El río no está pensando, "me estoy dirigiendo al mar". El río no está siendo guiado por nada más que la posición natural de las rocas y el lecho a su alrededor. Se mueve con sus auténticas leyes naturales codificadas en la naturaleza. Se mueve con el Tao.

En Makgia Sin Lágrimas, capítulo XXXIV, Crowley lo compara con un planeta que se mueve en armonía con otros planetas mientras sigue su propio camino. Cuando otro cuerpo planetario se acerca demasiado, el planeta hace un pequeño ajuste sin fuerza, sin desacuerdo, todo para que pueda continuar en su propia órbita. Esto sugiere lo que cubrimos en el capítulo uno, que todos son una estrella por derecho propio, con la suya para descubrir y perseguir. Cuando haya encontrado la suya, no afectará la capacidad de otra persona para seguir su Verdad. Cada estrella permanece en un estado de equilibrio con todas las demás estrellas. Al ser su yo auténtico, usted creará equilibrio en su vida, y este equilibrio se extenderá al universo, creando el cambio duradero que busca en su realidad.

La Inscripción en la Puerta hacia lo Místico: Hombre, Conócete a Ti Mismo

Debe identificarse para acceder a los misterios divinos del universo y aprovecharlos para su bien y el de los demás. Para conocerse a sí mismo, debe ser usted mismo y observar quién es realmente ese yo. Pero ¿cómo puede ser usted mismo en un mundo que sigue insistiendo en que no puede colorear fuera de las líneas? ¿Cómo puede ser usted mismo en un mundo que dice por un lado "sé tú sin disculpas", y por el otro lado dice "está bien, retrocede, es mucho 'tú' dominando"? Atreva a explorarse fuera de lo que la sociedad y los medios dicen que está bien, y es crucificado por ello.

Es muy difícil ser quien es, ya que significa que debe lidiar con desacuerdos con la familia, amigos, y el mundo en general. Casi parece inútil. ¿Por qué iniciar deliberadamente una lucha con todo el mundo de un lado y usted solo?

He aquí por qué vale la pena que se conozca a sí mismo: es la única forma en que encontrará una felicidad pura y verdadera. Si no se conoce a sí mismo, su verdadero Ser, entonces no podrá encontrar su Verdadera Voluntad; y si no puede encontrarla, ni mucho menos actuar en consecuencia, estará condenado a una vida rebosante de tristeza e insatisfacción. Crowley escribe en Magia(k) en Teoría y Práctica que cada uno de nosotros es "insatisfactorio consigo mismo hasta que se ha establecido en una relación correcta con el Universo". Esa relación correcta es su Verdadera Voluntad, nacida del autoconocimiento.

Escuche, si está haciendo algo fuera de lo suyo, entonces es una pérdida de tiempo y esfuerzo. Aquellos que se oponen a ello, por ignorancia o por elección, encontrarán que sus esperanzas y sueños son como un río que intenta pasar de fluir río abajo a fluir río arriba: una imposibilidad.

Debe conocerse a sí mismo, para poder soltar todas las ramas colgantes y las piedras traicioneras y lisas, y simplemente dejarse llevar corriente abajo hacia su deseo, que está siempre presente, y esperando que deje de luchar contra él.

Ir río abajo no significa que su camino será fácil o que no habrá obstáculos en su camino. Tendrá que lidiar con estas cosas; esa es la naturaleza de la vida. Se enfrentará al rechazo por parte de su familia, amigos y la sociedad, quienes no podrán entender su propósito. Tienen buenas intenciones, pero a menudo, lo suyo va en contra de los planes que tienen para usted, por lo que lucharán contra él. Puede estar seguro de ello. Aun así, la recompensa de mantenerse fiel a su yo auténtico vale *mucho* la pena.

Haga todo lo que pueda para hacer ladrar a un león y maullar a una rana. Pase lo que pase, nunca lo logrará. Pero permita que cada animal suene de manera natural, y habrá descubierto el secreto para seguir adelante en la vida. ¡Puede aprender que la inercia del Universo lo puede llevar mucho más lejos en su camino de lo que puede intentar forzar su camino para hacer funcionar algo que nunca fue para usted en primer lugar!

Disipando los Mitos que Rodean la Ley Mágica

Nuevamente, hay demasiados conceptos erróneos en torno a la *ley mágica*. Para ayudarlo a mantener el rumbo y progresar con la magia, debe conocer la verdad. Entonces, librémonos de estas mentiras y malentendidos.

Mito #1: Usted Solo Encuentra Su Verdadera Voluntad en un Momento Determinado. Por alguna razón, existe el mito de que hay un momento en que puede descubrir cuál es su verdadera voluntad. Este mito sugiere que, si bien es posible que no conozca su voluntad, en algún momento en el futuro, se le ocurrirá en una experiencia o en un destello de entendimiento.

La verdad está escrita por Crowley en <u>Liber II: El Mensaje del Maestro Therion</u>: "La voluntad no es más que el aspecto dinámico del yo...".

En otras palabras, es solo usted quien se expresa de forma natural. Su verdadera naturaleza se expresará, ya sea en su totalidad o diluida, con nociones preconcebidas sobre quién debería ser usted. Entonces, siempre somos parte de eso. Si lo somos, ¿cuál es entonces el propósito de toda esta charla de "encuentra tu Verdadera Voluntad"? Es simple: el punto es que podríamos hacer un mejor trabajo haciendo lo que queremos, siendo más conscientes de lo que queremos, y haciéndolo con más compromiso e intención. Los entendimientos repentinos ocurren, pero ese evento no cambia el hecho de que su Verdad es momento a momento, dinámica, y que vale la pena perseguir a toda costa.

Mito #2: La Verdadera Voluntad Solo Puede ser Encontrada en el Futuro Distante. Al igual que el mito anterior, la gente piensa: "puede que no tenga idea de cuál sea actualmente mi Voluntad, pero lo sabré cuando la vea... en el futuro... con suerte". Este no es un pensamiento irracional, pero nuevamente, el mago debe recordar que todos los días, en todo momento, estamos actuando según nuestra voluntad hasta cierto punto. Quizás, en lugar de decir "Encuentra tu Verdadera Voluntad", podríamos decir "Vuélvete más consciente de tu Verdadero Ser y trata de comprenderlo mejor".

Cuando piensa en ello como algo por descubrir, lo hace menos ansioso por hacer o ser lo que es en ese momento. Le hace posponer las cosas para una fecha posterior. Mira a su alrededor mientras vive la vida miserable que no quiere y dice, "¡si tan solo supiera cuál es mi *Verdadera Voluntad*!" cuando sería aún más beneficioso considerar las circunstancias actuales y ver qué se puede hacer en el ahora.

Mito #3: O Está Actuando según Su Verdadera Voluntad o No. La voluntad no es una cosa en blanco y negro. Hay muchas tonalidades de gris. Todo se reduce a cuánto lo persiga. Recuerde esto, y el viaje le resultará mucho más fácil, ya que no se quedará atascado por la duda o la culpa sobre si se está manteniendo fiel a sí mismo. Sabe que está siguiendo su camino, y el único ajuste que necesita es estar más comprometido e intencional en permanecer fiel a su camino al 100 por ciento.

Mito #4: La Verdadera Voluntad es Solo Una Cosa, y Nunca Cambia. Esto está lejos de la verdad. La voluntad no tiene nada que ver con el "trabajo perfecto" ni nada por el estilo. Es una combinación de sus diversos talentos, pasatiempos y tendencias, sueños y aspiraciones. Implicará mucho más que usar un sombrero como "maestro", o "médico", o "madre".

No puede aislar una sola cosa y decir, "es mi voluntad ser padre". Bien, si todo lo que usted es es ser padre, ¿qué es cuando *va a trabajar*? ¿Es padre en su bufete de abogados? Bueno, obviamente no; usted es un abogado. Cuando regresa a casa, ¿juega el papel de abogado para sus hijos y su familia? Estas preguntas pueden parecer tontas, pero sirven para ilustrar que su voluntad no está ligada a solo una cosa; es muy dinámica, cambia de un momento a otro.

Mito #5: La Verdadera Voluntad se Puede Resumir en una Frase.
Espero que vea por qué esto es un mito. Si la voluntad es dinámica (y si lo es), ¿entonces cómo la resumiría en una frase clara? Ahora, es beneficioso intentar hacer eso, para que tenga una expresión con la que juzgar si está siguiendo su Verdad *en este momento*. Diga una frase que suene como, "es mi Voluntad tener plenitud en mi salud", lo que significa que no tiene por qué comer ese tercer paquete de barras de caramelo.

Pues bien, ¿qué otra frase tiene para definir su personaje ante una situación que le tienta a hacer trampa? ¿Y qué otra frase tendría cuando se enfrenta a un lugar donde cuestiona la abundancia del universo y su disponibilidad para usted? No puede resumirla en una frase porque está más allá de las palabras. Crowley lo expresó de esta manera: *"También la razón es una mentira; porque hay un factor infinito y desconocido; todas sus palabras son sesgadas"*. Puede encontrar esta cita en Liber AL vel Legis, II:32.

Mito #6: Encontrar Su Verdadera Voluntad Significa Tener una Experiencia Mística. No necesita que un ser altamente evolucionado aparezca y le diga qué es. No necesita consumir ayahuasca antes de saberlo. No es necesario "alcanzar la iluminación". Sí, esas experiencias podrían brindarle claridad y ayudarlo a mantener su ego bajo control, pero recuerde que la Voluntad siempre está presente, y actúa constantemente sobre ella hasta cierto punto, y puede expresarse de manera más intencional.

No necesita un trasfondo místico especial para saber que cierta relación o amistad ya no está en armonía con usted. No necesita una experiencia mística que le haga saber el momento de cambiar de carrera o el momento de seguir sus sueños de manera activa. No asuma erróneamente que su falta de conocimiento mágico le da un pase libre para evitar su Voluntad.

Mito #7: Su Verdadera Voluntad es Verdadera para Todos los Demás. No existe tal cosa como el "mago ideal". No hay una regla de oro con la cual uno pueda medir a todos los thelemitas. No le corresponde a usted decidir por lo demás qué es lo correcto o incorrecto para ellos o cuál es su Verdadera Voluntad. En La Visión, está escrito, "el hombre de la tierra es adherente. El amante da vida al trabajo entre los hombres. El ermitaño va solo y da solo de su luz a los hombres".

Dicho de otra manera: algunas personas son de la tierra, otros son ermitaños, y algunas son amantes. Es diferente para todos nosotros. Uno puede buscar la iluminación espiritual, y otro puede buscar vivir una vida libre de tales preocupaciones. Ninguno de ellos está equivocado, e insistir que su camino es el único camino verdadero no solo es muy egoísta, sino que también insinúa una actitud santurrona, y es la antítesis completa de la libertad total, que es el sello distintivo de la Ley.

Mito #8: Su Voluntad No Tiene Conexión con Los Que Le Rodean. Si bien todos somos estrellas individuales, todos estamos interconectados en la misma galaxia. Nos afecta el mundo que nos rodea y, a su vez, también afectamos al mundo. En otras palabras, sus acciones no están contenidas en una burbuja; se extienden hacia el universo.

Si es su voluntad comer solo carne, los animales se verán afectados. Si es su voluntad comer solo plantas, las plantas se verán afectadas. Si quiere ser generoso, bueno, solo puede ser caritativo con los demás. Para alcanzar la iluminación, eso significa que su entorno y circunstancias deben verse afectados de alguna manera para permitirle esa experiencia.

Con esto en mente, si nota que sigue enfrentando muchas dificultades cuando hace ciertas cosas, puede pensar en ello como un mensaje que le dice que necesita cambiar lo que está haciendo o cómo lo está haciendo, en lugar de ser tan terco e insistir en "Mi camino o la carretera".

Mito #9: La Verdadera Voluntad Le Exime De Sufrir.
Nuevamente, encontrarla y seguirla de la mejor manera que pueda no significa que no enfrentará la adversidad. El sufrimiento es parte de la vida. Nos enfermamos; perdemos personas, olvidamos cosas, morimos. Así es la vida. El hecho de que esté experimentando algo no significa que automáticamente no sea capaz de ser fiel a su voluntad. El sufrimiento le permite crecer, aprender, y ser más de lo que nunca fue.

Como verdadero thelemita, no está interesado en trascender el mundo material físico. No busca evitar el dolor y el sufrimiento. Reconocer el sufrimiento como parte de la vida lo libera de la esclavitud de sentimientos innecesarios. Ahí radica la distinción. Mucha miseria no es algo natural, tampoco es necesaria. En cambio, nace de la mente indisciplinada, alimentada por mentiras y conceptos erróneos tanto desde dentro como desde fuera. Es este sufrimiento *innecesario* del que le exime.

Mito #10: La Verdadera Voluntad le Exime De Conflictos. Al igual que el sufrimiento, las diferencias no se pueden evitar en la vida. Siempre habrá quien no vea las cosas como usted. Incluso mientras hace esta práctica (y ellos hacen la suya), no siempre estarán de acuerdo con usted. No hay nada intrínsecamente malo en un desacuerdo. El problema está en cómo se *percibe* la diferencia.

Al hacer esto y permitir que otros tengan el derecho de seguir lo suyo, llegará a comprender que está bien percibir las cosas de manera diferente. Deje ir el impulso de insistir en que su enfoque es el camino correcto o el único camino, una mentalidad que provoca que muchos desacuerdos tengan consecuencias terribles como la traición, la guerra y la opresión.

Esto no significa que los conflictos terminen. Simplemente llega a un entendimiento en que usted no tiene derecho a imponer sus estándares y expectativas a nadie más, del mismo modo que ellos no tienen derecho a afectar la manera que usted escogió para autoexpresarse o sus creencias. Por eso dice en AL III:42, "...no discuta, no convierta, ¡no hable demasiado!".

Con estos mitos desacreditados, esto debería estar aún más claro en su mente en este momento y debería ayudarlo a crecer en conciencia en cada momento.

Capítulo Tres: Meditación: El Poder de la Mente

El hecho de que esté leyendo esto en este momento significa que sabe cuán importante es para usted encontrar su Verdadera Voluntad. Dice que está dispuesto a explorarla, perseguirla, y permitirle expresarla más cada día. Por eso, felicítese.

La Verdadera Voluntad no se manifiesta fácilmente, particularmente para aquellos que no han pasado tiempo buscándola. Si tan solo fuera tan simple como descubrir su carrera, ¡al menos podría tener un lugar para empezar su búsqueda! Ahora sabe que la Verdadera Voluntad se trata de mucho más que eso. Es su misma razón de ser, respirar.

Como iniciado de la magia, es su deber no solo descubrir su Verdadera Voluntad, sino ponerla en práctica de la mejor manera posible, de un momento a otro. Este es el propósito de la magia real. Todo lo demás es simplemente pelusa y plumas. Parece tan simple, y lo es, teóricamente. Con práctica real, puede resultar bastante difícil.

Ya sabe que para realizar todo lo que quiera en la vida debe seguir su dicha, permitir que su corazón o alegría lo guíe hacia lo que más le importa. Pero tales sentimientos nunca dejan en claro que estas cosas no son simplemente un hecho. Convertirse en la mejor y más grandiosa versión de uno mismo no es algo que simplemente sucede. Nunca ha sido así. Nunca lo será. Hay un elemento de trabajo.

Asumir que estos rasgos deseables simplemente caen en el regazo de uno es lo mismo que asumir que todo lo que necesita para desarrollar músculos es sentarse y no hacer nada. Tiene que entrenar. Tiene que descomponer el músculo para permitir que se repare a sí mismo, para así volverse más fuerte y desarrollar aún más músculo y fuerza. También necesitará orientación para que no entrene de una manera que haga que sus esfuerzos sean inútiles, en el mejor de los casos, o que lo ponga en peligro, en el peor de los casos.

El mismo principio de ejercitar su cuerpo para desarrollar músculos se aplica para descubrir su Verdadera Voluntad y ejercitarla. Necesitará entrenar y prestar atención a quién es ahora, para que pueda ajustarse en consecuencia con la persona en la que le gustaría convertirse, la cual es la grandeza que sabe que usted es. Necesitará herramientas y necesitará varias técnicas y métodos para entrenarse. Los métodos y herramientas que más necesitará son la meditación y la magia. Es a la primera de estas a la que prestaremos atención en este capítulo.

Meditación: La Llave Maestra a lo Mágico

No existe un método que le ayude a conectarse con lo mágico dentro de usted que funcione mejor que la meditación. Esto es tan antiguo como el tiempo mismo. Es muy precisa, y siempre da resultados sin falta si usa métodos que son auténticos y no la basura común y corriente que venden los charlatanes que quieren hacerle creer que ellos tienen la llave hacia su salvación.

La meditación funciona... cuando la trabaja. Deberá recordar las dos etapas del trabajo al comenzar su viaje.

- El viaje dentro de sí mismo para descubrir su Verdadera Voluntad.

- La aplicación de su cuerpo, mente y alma hacia la manifestación de su Verdadera Voluntad.

No permita que el trabajo le asuste y le impida hacer lo que debe. Es el único trabajo que lo recompensará en exceso, muy por encima y más allá de cualquier otra cosa que pueda imaginar.

Nadie nace sabiendo exactamente qué camino debe tomar su vida. Si ese fuera el caso, entonces no tendríamos que luchar. Simplemente estaríamos listos y funcionando, ocupándonos de la tarea de cumplir con nuestro destino. NO es así como esto funciona.

Cuando nace, nace tabula rasa, aparte de su Verdadera Voluntad innata, claro. Con el tiempo, descubre que obtiene muchas impresiones sobre lo que debe y no debe hacer, ser o tener. Sin embargo, su Verdadera Voluntad permanece dentro de usted, esperando ser descubierta o expresada incluso más de lo que le permite que sea. Espera a que se vuelva consciente de su propia autoridad divina sobre su vida. Se vuelve más consciente de su autoridad a través de la práctica constante de la meditación.

Con la meditación, descubre que el velo que cubre todos los ojos y hace creer a todos que simplemente están destinados a experimentar la vida que les toca se cae. Se vuelve más consciente del poder dentro de usted. Aprende qué tan poderoso es. Se da cuenta de que tiene una varita mágica dentro de usted, el libre albedrío, que puede usar para crear la vida que prefiera.

Meditación: El Arte del Mindfulness

Una parte muy crítica de la práctica budista es *sati*, que es consciencia o atención plena. El mindfulness implica volverse muy consciente del aquí y ahora. Las mentes de la mayoría de las personas están atrapadas en el pasado con arrepentimiento o recuerdos, o atrapadas en el futuro con preocupación o anticipación. Lamentablemente, es raro encontrar una persona presente en el aquí y ahora. La práctica de la meditación le enseña a volverse más consciente, más presente, aquí y ahora. Al estar atado y conectado en el presente, podrá descifrar mejor lo que su verdadera voluntad le dicta en ese momento.

Hay varios significados de la palabra budista *sati*, además de mindfulness. Sati se deriva de la palabra pali sati, y del sánscrito smrti. Originalmente, smrti significaba "recolectar" o "recordar" o "tener en cuenta". Estos significados estaban relacionados con la tradición védica de memorizar las sagradas escrituras.

Según el Satipatthana Sutta, sati significa "mantener la consciencia propia de la realidad". Además, define el mindfulness como ser consciente de que lo que percibe con sus sentidos no son más que ilusiones. Esta conciencia le permite ver la verdadera naturaleza de la vida que le rodea. Inevitablemente, cuanto más practica la meditación, más consciente se vuelve, y más clara se vuelve su Verdadera Voluntad en su mente.

Técnicas de Meditación

Técnica #1: Conciencia Alterada. Encuentre un lugar cómodo para sentarse con ropa holgada y cómoda, y cierre los ojos. Puede encender incienso o una vela o tocar música relajante y calmada antes de comenzar, pero nada de eso es necesario. Tales cosas pueden ser un obstáculo porque, idealmente, desea llegar a un punto en el que pueda practicar dondequiera que esté, ya sea que haya velas, música, incienso o no. Estas cosas solo le ayudarán inicialmente.

Ahora preste atención a la parte superior de su cabeza. Mientras lo hace, comience a explorar su cuerpo dirigiendo esa conciencia desde su cabeza, avanzando lentamente hacia sus pies. A medida que se vuelve consciente de cada parte de su cuerpo, permítale que se relaje. Observe las partes en las que siente más estrés o resistencia. Cuando sienta áreas en su cuerpo con tensión, imagine que ondas relajantes de luz cálida fluyen desde la parte superior de su cabeza y a través de esas partes, despejando toda la tensión e inquietud. Haga su mejor esfuerzo para relajarse.

Respire lo más profundo que pueda, asegurándose de que sus pulmones estén completamente llenos. A través de sus labios ligeramente entreabiertos, deje ir el aire. Desea que cada inhalación y exhalación se sienta aún más profunda que la anterior. Imagine que su respiración es como un viento suave que sopla de un lado a otro, un ciclo interminable y relajante. Todos los pensamientos problemáticos son solo nubes, que los suaves vientos de su aliento se llevan a la nada. Su trabajo no es controlar sus pensamientos. Simplemente déjelos pasar, arrastrados por el viento.

Dirija su atención a su corazón y sienta la energía mientras late y mueve la sangre por su cuerpo. Sienta el amor interior, su amor por todas las personas que ama. Sienta la luz en su corazón. En realidad, no es necesario ver nada. Sepa que está ahí y acéptelo. Finalmente, sienta la chispa divina dentro de su alma. Sepa que en su alma hay una llama, cuya luz sigue ardiendo brillante y lo guía por su camino.

Este ejercicio lo pone en contacto con los cuatro elementos de la magia: al tranquilizar su cuerpo, ha trabajado con el elemento tierra. Al eliminar todos los pensamientos de su mente y concentrarse en su respiración, ha trabajado con el elemento aire. Concentrarse en su corazón, el amor y la sangre son el elemento agua, y su alma lo conecta con el elemento fuego.

Cuente hacia atrás lentamente de diez a uno mientras respira, imaginando que escribe cada número en una pizarra y luego lo borra. De esta manera, su mente consciente está lista para manejar cualquier tarea que le asigne. Cuando llegue a uno, comience nuevamente la cuenta regresiva, esta vez solo con su voz interior, para que su intuición se active. Cuando haya terminado, estará en un estado alterado. Disfrútelo. Este es el estado de meditación, desde el cual puede trabajar su magia para el bien de todos. Cuando esté listo para salir de él, simplemente cuente de uno a diez, luego respire regularmente, y sienta realmente su cuerpo. Haga un buen estiramiento. Si se siente desconectado de la realidad, ponga las manos en el suelo y empújelas hacia adentro, o puede acostarse boca arriba en el suelo y sentirse conectado a él.

Técnica #2: Meditación de Pie. Querrá asegurarse de estar descalzo para esto. Busque un lugar tranquilo, cierre los ojos y mantenga sus hombros relajados. Mueva su conciencia a sus pies. Sienta lo que sus pies sienten en el suelo. Preste atención a lo que observa acerca de cómo se siente. ¿La parte media de sus pies está haciendo menos contacto con el suelo que los talones y los dedos? ¿La presión es uniforme o diferente en algunos puntos? ¿Qué pasa con la temperatura? ¿Siente muy poco, si es que siente algo? Luego, intente mover sus pies y balancearlos hacia adelante y hacia atrás para que pueda sentir varias sensaciones. Fíjese en todas las que pueda.

Técnica #3: Meditación Auditiva. Encuentre un lugar donde pueda escuchar todo tipo de sonidos; un restaurante, el parque, un lago o lo que sea. También puede hacer esta técnica mientras espera en el aeropuerto o en una cola. No es necesario mantener los ojos cerrados, aunque para algunas personas podría ser de una gran ayuda hacerlo.

Ahora, preste atención a todos los sonidos que le rodean. Haga todo lo posible para distinguirlos y observe cómo contrastan entre sí. Hay sonidos que son más fuertes, otros más suaves. Pueden ser más profundos, y otros pueden ser chillones. Algunos están cerca, mientras que otros están lejos. Algunos son agradables, mientras que otros son irritantes. Obsérvelos a todos. Luego, concéntrese en un sonido durante algún tiempo antes de pasar su atención al siguiente.

Técnica #4: Meditación Caminando. También querrá sacarse los zapatos y calcetines para esta. También debe mantener los ojos abiertos para no chocar contra algo. Ya sea que esté con otras personas o solo, puede hacer esta meditación, siempre y cuando no lo molesten. Puede hacerlo en su habitación, simplemente caminando de un lado para otro, tomándose su tiempo con cada paso (pero no tan lento como, digamos, los perezosos de aquella caricatura). A medida que se mueve, observe cómo sus pies golpean el suelo y se levantan nuevamente. También puede notar todas las sensaciones que siente en sus piernas, muslos, rodillas, pantorrillas y ángulos. Solo siga todas las sensaciones que pueda.

Técnica #5: Meditación Mientras Mira. Idealmente, haga esto afuera. Si no puede salir, entonces una habitación lo suficientemente grande puede funcionar bien. Quiere mirar algo que esté cerca de usted, tal vez una flor o su taza de café. Mire de cerca cada detalle que encuentre, desde los diferentes tonos hasta los patrones, colores y formas de lo que sea que llame su atención. Dedique un minuto o dos mirando este objeto, luego muévase a un objeto más lejano en la distancia. Mírelo con el mismo grado de atención por un minuto o dos. Cuando haya terminado, vuelva a prestar atención al primer objeto que estudió, y fíjese si ve cosas que no había visto la primera vez.

¿Por Qué Meditar?

A medida que practique estos ejercicios, notará que se vuelve mucho mejor aclarando su mente y silenciando sus pensamientos para llegar directamente a la verdad de cualquier asunto en el momento. Será más consciente de dónde están sus pensamientos la mayor parte del tiempo, y como tal, podrá detener cualquier pensamiento que no resuene con su Verdadera Voluntad antes de que tenga la oportunidad de ganar suficiente tracción para provocar un desastre.

La meditación hace mucho más que ayudarle a ser consciente del momento. Le ayuda a entrenar su mente para que solo haga su voluntad. No puede ser ejecutada en su nombre por ningún mensaje subliminal en los medios o cualquier material oscuro y deprimente del mundo lúgubre que lo rodea.

Con la meditación, puede saber si está alimentando su alma con fe y las cosas buenas de la vida, o si la está llenando de miedo. Debe asegurarse de que su mente esté enfocada en las cosas correctas. La mente no discrimina, y le traerá exactamente aquello en lo que se enfoca. Con la meditación, es más consciente de donde pone su atención. Su atención es oro. No la malgaste. La mejor manera de no desperdiciarlo todo es hacer de la meditación una práctica diaria.

Capítulo Cuatro: Yoga: La Magia del Cuerpo Físico

Hay dos elementos muy críticos en términos de logro espiritual, de acuerdo con la ley de Thelema. Uno es la magia. El otro es el yoga.

Autodescubrimiento y Autorrealización a través del Yoga

El yoga, por su propia naturaleza, es todo un proceso a través del cual usted se descubre a sí mismo. No es una religión, como la gente cree erróneamente, y tampoco hay maldad en él. Todo es una práctica a través de la cual aprende acerca de quién realmente es y qué aporta a la mesa cósmica, por así decirlo. A medida que avanza en el proceso del yoga, va despejando su mente de todas las telarañas para que pueda verse a sí mismo, a los demás, y al mundo que lo rodea en sus formas más verdaderas.

No puede separarlo de su identidad. Entonces, descubrirse a sí mismo y darse cuenta de quién es no es algo tan básico como quitarse un atuendo y ponerse otro. Cambiar su carácter también es diferente de simplemente meter todos los versos y dogmas de una religión o lo que sea en su mente, como la mayoría de las religiones son culpables de hacer.

El yoga es un viaje muy personal en el que debe llegar a conocerse íntimamente. Descubre su naturaleza genuina al tener sus propias experiencias y percibir las cosas desde su propia perspectiva. Entonces, piense en el yoga como una ciencia en lugar de una religión a la que puede inscribirse hoy solo para renunciar mañana. Hay un proceso completo. Los verdaderamente autorrealizados son aquellos que han pasado por el proceso del yoga, que es la revelación de todo en su verdadera forma.

Aquí radica la distinción clave entre yoga y religión: puede unirse a una religión y no necesariamente practicarla para ser considerado parte de aquella iglesia, pero con el yoga, no se une a nada; lo practica.

Mucha gente asume erróneamente que el yoga es similar a una secta religiosa, o a un culto, o un equipo al que se une, por lo que tiene la satisfacción de ser parte de algo más grande que usted. El yoga es un conjunto de valores, herramientas y virtudes, todos los cuales conforman un proceso que le lleva a convertirse en su mejor yo físico, espiritual y mental. Aquí es donde muchas personas abandonan el yoga porque no pueden "unirse" a él; solo pueden practicarlo, y la práctica requiere disciplina.

El yoga no se trata de creer ciegamente, sino de crecer en sabiduría y amor por los demás. Es un proceso solitario, por lo que debe encontrar su fuerza dentro de usted, y no desde fuera en forma de un grupo. No puede unirse al yoga, lo que significa que *tampoco puede dejarlo*. Es su deber para consigo mismo continuar descubriendo aquella parte de usted que es más grande que el disfraz de carne y hueso que tiene en este momento.

Una Breve Historia del Yoga

La historia del yoga está tan llena de incertidumbre porque sus textos sagrados se transmitieron de una generación a la siguiente por tradición oral. Además, las instrucciones eran en su mayoría secretas. Los primeros registros de las enseñanzas del yoga fueron grabados en hojas de palmera, demasiado frágiles y fáciles de destruir, dañarse o perderse. Si bien se dice que el yoga ha avanzado en el transcurso de 5000 años, hay quienes creen que tiene el doble de antigüedad.

Cuatro períodos distintos son los que más importan cuando se trata del desarrollo, práctica e innovaciones en el yoga.

Yoga Preclásico: el yoga se desarrolló inicialmente hace más de 5000 años en el norte de la India por una civilización conocida como indo-sarasvati. La misma palabra yoga fue escrita por primera vez en el Rig Veda, uno de los textos más antiguos y sagrados conformado por mantras, canciones y rituales utilizados por los sacerdotes védicos llamados brahmanes.

Los brahmanes ayudaron a desarrollar el yoga lentamente, junto con videntes místicos llamados rishis. Todos se tomaron el tiempo para documentar sus creencias y sus prácticas en lo que se llama los *Upanishads*, que tienen más de 200 escrituras, incluido el renombrado Bhagavad-Gita, escrito alrededor del año 500 a. e. c. Lo que hicieron los Upanishads fue reformular el sacrificio ritual cubierto en los Vedas y convertirlo en un proceso interno, que implica sacrificar el ego en el altar de la sabiduría (jnana yoga), el autoconocimiento y la acción (karma yoga).

Yoga Clásico: donde la etapa preclásica estaba llena de ideas yóguicas contradictorias, el periodo clásico tenía un enfoque más sistemático y organizado de los principios, debido a los Yoga-Sutras de Patanjali, que fueron escritos durante el siglo II. Este texto repasa el camino ideal del Raja Yoga, que generalmente se llama "yoga clásico". Patanjali trajo orden al yoga al crear su camino de ocho ramas, que detalla los pasos y etapas necesarias del proceso requerido para obtener la iluminación o Samadhi. Hasta ahora, los Yoga-Sutras de Patanjali continúan influyendo en varios estilos de yoga como los conocemos hoy.

Yoga Posclásico: siglos después de la reforma hecha por Patanjali, una colección de yoguis se unió para formar un sistema o serie de prácticas que dan larga vida y reviven el cuerpo. Como uno solo, rechazaron todas las antiguas enseñanzas védicas y se enfocaron en usar el cuerpo físico para lograr el Samaadhi. Estos yoguis crearon el Tantra Yoga, que tiene técnicas diseñadas para limpiar la mente y el cuerpo para deshacerse de todo lo que nos ataba al mundo físico. Así nació el Hatha Yoga.

Yoga Moderno: desde finales de 1800 hasta principios de 1900 hubo un éxodo de maestros de yoga de Oriente a Occidente. Estos maestros atrajeron seguidores, en particular del Parlamento de las Religiones en 1893, en Chicago, cuando un maestro en particular, Swami Vivekananda, dejó boquiabiertos a sus asistentes con sus asombrosas ideas sobre el yoga. En las décadas de 1920 y 1930, India estaba muy interesada en el Hatha Yoga, gracias a Swami Sivananda, T. Krishnamacharya, y otros conocidos practicantes del Hatha Yoga. La primera escuela de Hatha Yoga se fundó en 1924 por Krishnamacharya. Luego estuvo la Sociedad de la Vida Divina, justo en las orillas del río Ganges, establecida por Sivananda en 1936.

Tres estudiantes: T.K.V. Desikachar, B.K.S. Iyengar y Pattabhi Jois, habiendo sido instruidos por Krishnamacharya, se aseguraron de que su legado continuara y de que el Hatha Yoga se hiciera más popular que nunca. Sivananda había escrito más de 200 libros sobre yoga, había creado nueve ashrams y una cantidad impresionante de centros de yoga en todo el mundo.

El yoga llegó a Occidente poco a poco, hasta 1947, cuando Indra Devi montó su estudio de yoga en Hollywood. Desde que eso sucedió, ha habido muchos más profesores de yoga indios y occidentales que han compartido sus conocimientos sobre el Hatha Yoga y han conseguido millones de seguidores. Ahora, hay todo tipo de estilos de Hatha Yoga, que se concentran en diversos aspectos de esta sagrada práctica.

Usos Místicos del Yoga en el Pasado

Las prácticas chamánicas y el Sadhana Yoga se unen para crear la magia del yoga místico, en el que su mística interior sale a la luz. El objetivo de este estilo es revelar su verdadera esencia, el objetivo mismo de su existencia o, si lo prefiere, su Verdadera Voluntad.

Hay tres niveles muy distintos que el practicante de yoga místico necesitaba recordar en ese entonces. Estos niveles siguen siendo relevantes incluso en la actualidad. Primero, debe conocer la base de todo. Esta base comprende una rutina de posturas vitales conectadas con secuencias y respiración de transición. A continuación, debe conocer el nivel de modificación. En otras palabras, el practicante tendría que aprender a modificar las secuencias y posturas originales para que coincidan con su capacidad y comprensión. El nivel final implica la integración. El yoga místico siempre se ha basado en la experiencia personal del místico mientras viaja a la esencia de sí mismo. Con la integración, el místico puede personalizar mejor las rutinas que ha aprendido, dándole más significado a cada una.

Hay muchas rutinas implicadas en el yoga místico, desde el yoga shamánico, el yoga Hatha Flow, el yoga restaurativo y el yoga suave, hasta el yoga místico Vinyasa. No importa la rutina, el yoga místico siempre ha sido una práctica espiritual que habitualmente sigue esta secuencia:

1. Los nombres de las deidades y/o espíritus y energías conectadas se cantan para permitir que el Yogi místico o Yogini se conecte con su yo superior.

2. Las intenciones se establecen una vez que el yogui se da cuenta de su ser interior, por lo que la práctica se profundiza y opera en todos los niveles, obvios y sutiles.

3. Los ejercicios de respiración se realizan para crear un estado meditativo más profundo.

4. El practicante calienta con estiramientos suaves y fáciles, realizados mientras está de rodillas, sentado y de pie. También realizan saludos al sol.

5. Se inician las secuencias de pie y sentado.

6. El practicante realiza una serie de posturas en una secuencia de cierre que trabaja en cada chakra del cuerpo.

7. Luego, el practicante entra en relajación, usando la relajación progresiva de cada grupo de músculos y la autosugestión para liberar toda la energía bloqueada en el cuerpo, llevando la mente a un estado claro sin pensamientos, solo una simple conciencia de la nada del universo.

8. El Yogini se conecta con su interior al meditar con conceptos espirituales.

9. Finalmente, el practicante canta el nombre de la deidad o el espíritu de antes en agradecimiento, seguro de que su intención se ha cumplido.

El Yoga Según Aleister Crowley

Crowley ha escrito dos libros sobre yoga y las técnicas adecuadas de respiración. Su Magick: Liber ABA (Libro 4) y Ocho Lecciones de Yoga le dan al Mago (un practicante de Magia) muchos detalles para aprender la meditación y la respiración yóguica.

Primera Práctica

Para su primera práctica, Crowley sugiere que se concentre en su respiración y nada más. Dígase a sí mismo repetidamente, "la respiración fluye hacia adentro", mientras inhala, y mientras exhala, dígase a sí mismo, "la respiración fluye hacia afuera.

Mientras hace esto, querrá asegurarse de realizar un seguimiento de sus resultados. ¿Cuánto tiempo practicó? Debe asegurarse de haber practicado durante al menos 20 minutos. Observe cómo le fue con la concentración. Observe la frecuencia con la que rompió la concentración y observe qué tipo de distracciones lo alejaban de la respiración. Observe sus estados emocionales, físicos y mentales mientras se concentra en su respiración. Anote la fecha y la hora y cómo se sintió o percibió a sí mismo y al mundo que lo rodea después de haber terminado.

Crowley dice que cuando hace esto con diligencia, es muy posible que experimente Samadhi o iluminación, lo cual es el último de los ocho miembros de los Yoga-Sutras de Patanjali.

Segunda Práctica

Aquí hay una segunda práctica, como se explica en Liber RV, que involucra pranayama. Pranayama comprende las palabras sánscritas prana, que significa "vida", y *ayama*, que significa "extender" o "extraer". Pranayama se trata de controlar la respiración, que limpia los canales de energía sutil (*nadis*) en todo el cuerpo, y despierta el Kundalini (o *poder de la serpiente*) que se encuentra en la parte inferior de la columna vertebral.

El tipo de respiración que hará en esta práctica se conoce como *Nadi Suddhi pranayama, r Anuloma pranayama, o Nadi Shodhana pranayama,* o en español, respiración de las fosas nasales alternadas.

Pasos Para la Respiración de las Fosas Nasales Alternadas

1. Siéntese en una Asana. Con el pulgar izquierdo, cierre la fosa nasal derecha. Exhale lo más lento que pueda a través de la fosa nasal izquierda, hasta por 20 segundos. Luego inhale por esa misma fosa nasal durante 10 segundos.

2. Luego, cambie los pulgares, y esta vez cierre la fosa nasal izquierda. Respire por la fosa nasal derecha hasta por 20 segundos, y luego por 10 segundos.

3. Continúe alternando sus manos y haga esto durante una hora. Si recién está empezando, comience con 20 minutos y aumente con cada nueva sesión.

4. Finalmente, debe exhalar por 30 segundos e inhalar por 15 segundos.

5. Cuando le sea fácil respirar durante los tiempos mencionados en cada paso anterior (y ni un momento antes, advierte Crowley), exhale por 15 segundos, inhale por 15 segundos, y luego contenga la respiración durante 15 segundos. Continúe con esto hasta que pueda hacerlo fácilmente durante una hora.

6. Ahora, aumente el tiempo de exhalación a 40 segundos y el de inhalación a 20 segundos.

7. Una vez que este tiempo sea fácil para usted; exhale por 20 segundos, inhale por 10 segundos, y contenga la respiración durante 30 segundos.

8. Hacer cómodamente el paso 6 significa que está listo para técnicas más difíciles. Crowley escribe que debe llegar a ser competente en un ciclo con una proporción de 10:20:40 segundos, o 16:32:64, y más. Es crucial que se desarrolle gradualmente hasta alcanzar esos límites.

Crowley advierte que, si hay comida en su estómago, hará que su práctica sea más difícil, sin importar lo poco que haya. Por lo tanto, debe tener cuidado de comer antes de su práctica de pranayama.

Añade que no debe esforzarse demasiado porque no quiere quedarse sin aliento muy rápido o jadear por aire. Es importante mantener una respiración completa, profunda y regular. Necesitará un diario para anotar todas las cosas mágicas que experimenta mientras practica, así como para analizar sus resultados.

Cuando realiza el pranayama de la manera correcta, su cuerpo estará cubierto de sudor, muy diferente al que obtiene con el calor o el ejercicio. Puede frotar este sudor en su cuerpo para ganar fuerza. Su cuerpo también se pondrá rígido, automáticamente. Entonces tendrá movimientos espasmódicos de su cuerpo, de los que será consciente incluso en su inconsciencia. Puede parecer que no tiene peso y que una fuerza invisible lo mueve. Además, su cuerpo levitará y permanecerá suspendido desde un segundo hasta más de una hora.

Tercera Práctica

Considere esto como una variación caminante de la práctica previa de pranayama. Se conoce como Bhraman pranayama o "respiración al caminar".

Pasos para Respirar al Caminar

1. Mientras camina, inhale y exhale, profunda y completamente.

2. Cante un mantra en un ritmo que coincida con cada paso. Puede cantar *Om; Om mani padme hum; u Om Shanti, Shanti, Shanti.*

3. Comenzará el pranayama, pero usando ambas fosas nasales y sin contener la respiración. En lugar de respirar una cantidad específica de veces, respirará al mismo tiempo que sus pasos. Puede inhalar durante cuatro pasos, y luego exhalar durante otros cuatro.

4. Aumente el número de pasos por inhalación y exhalación a 6 cada uno, luego 6 cada uno, luego 12, luego 15, y luego 24 o más si puede.

5. A continuación, cambie para inhalar por 6 pasos y exhalar por 12. Luego puede pasar de las 6:12 a 8:16, y pasar a 12:24 o incluso más si puede.

6. Finalmente, agregue el Kumbhakam, que consiste en contener la respiración. Comience inhalando durante 4 pasos, manteniendo durante 4 pasos, luego exhalando por 4 pasos. Luego puede pasar a dos pasos por inhalación, 8 pasos por contención, 4 pasos por exhalación, y 8 pasos por contención. Puede aumentar las cantidades en una proporción de 1:4:2.

Cuarta Práctica

1. Comience el pranayama mientras camina de la tercera práctica. Encuentre su ritmo con sus pasos, respiración y mantra.

2. Vaya cada vez más rápido con sus pasos y su mantra hasta que su caminar se convierta en un baile.

Crowley aboga por usar el ritmo básico del vals para sus pasos (izquierda-derecha-izquierda, derecha-izquierda-derecha, etc.). Su mantra debe estar en tres tiempos. Si está dedicado a una deidad, puede convertir esta meditación en una forma de adoración. Sin embargo, Crowley señala que es mejor usar un mantra que describa una idea abstracta del Dios supremo.

Quinta Práctica

1. Comience con su pranayama mientras camina y adopte un ritmo agradable con su mantra, pasos y respiración. Permita que todo se convierta en un baile.

2. Ahora, deje que el baile sea libre de su voluntad. Hará esto entrando en un estado de trance, permitiendo que su espíritu fluya a través de su cuerpo danzante. Esto no es algo consciente. Sabrá cuando haya alcanzado este estado. Ocasionalmente podría ejercer su voluntad, pero con la práctica, aprenda a dejarla ir.

Los mismos fenómenos descritos para la segunda práctica de respiración de las fosas nasales alternadas podrían ocurrir nuevamente con esto.

Sexta Práctica

Esta práctica implica respirar de manera rápida y superficial. También puede incluir meditación en su chakra Vishuddha mientras canta su mantra "ham". Este chakra es el chakra de la garganta, que se relaciona con la autoexpresión y la comunicación. Actúa como un purificador. A través de este chakra fluye el amrita o "el elixir de la vida". Este elixir puede ser venenoso o conducir a la inmortalidad. Con esto abierto, se permite recibir sabiduría en abundancia. Cuando está cerrado, lo que sigue es la decadencia y la muerte.

1. Respire. Hágalo de la manera más rápida y superficial que pueda.

2. Póngase en una posición en la que estaría si hubiera exhalado con fuerza. Deje caer ligeramente la barbilla, acercándola a su pecho mientras empuja la lengua contra el paladar.

3. Debe respirar usando solo los músculos de la garganta.

4. Si lo desea, puede aumentar el período entre cada respiración.

5. Mientras hace esto, mantenga su atención en su chakra Vishuddha.

Séptima Práctica

Esta va al grano. Debe respirar lo más rápida y profundamente posible. Es casi lo mismo que la técnica de respiración Ujjayi, o "la respiración del océano", que a menudo se usa en las prácticas de yoga taoísta e hindú. Inhale tan profundamente como pueda, asegurándose que la parte inferior del abdomen esté llena, luego se elevan la caja torácica y la parte superior del pecho y la garganta. Es difícil lograr esto *demasiado rápido.*

Esta práctica es casi como la Respiración de Fuego, una técnica de Yogi Bhajan, un maestro de Kundalini Yoga. Necesita respirar tan rápido como pueda, bombeando nuestra respiración usando el poder de su vientre, adentro y afuera. Cuando sus pulmones se llenen de aire, expulse todo de inmediato. En el momento en que sus pulmones estén vacíos, fuerce la entrada de aire. Pronto, el ritmo se volverá algo automático. Use fuerza suficiente, pero no contraiga el diafragma.

Mens Sana in Corpore Sano

Mens sana in corpore sano es una frase en latín que simplemente significa "una mente sana en un cuerpo sano". Como practicante de magia, debe cuidar su salud con celo. Esto se debe a que su cuerpo y mente son herramientas que utiliza para descubrir y expresar su Voluntad.

Usted no es su cuerpo, ni tampoco es su mente. Sin embargo, su estado de conciencia es a menudo lo que determina su condición física. En otras palabras, debe estar consciente de los pensamientos que ocurren en su mente porque esas imágenes afectan la salud de su cuerpo. El Mago debe guardar siempre su energía, asegurándose de meditar y de buscar continuamente formas de mantenerse en contacto con lo divino. A medida que practica yoga y meditación a diario, mantiene su mente y cuerpo en un estado óptimo que le permite cumplir su máximo objetivo: su Verdadera Voluntad.

Capítulo Cinco: Técnicas Mágicas de Viaje Astral

Hay mucho más en el mundo de lo que puede percibir actualmente. Sugerir que todo lo que hay en la vida es lo físico no solo es negación, sino pura tontería, y el Mago practicante lo sabe. El escéptico más incrédulo pronto cambiaría de opinión si tuviera una experiencia extracorporal, lo que quiero decir en un sentido muy literal. Esta práctica también se conoce como *proyección astral.*

¿Qué es la Proyección Astral?

La proyección astral, también percibida como un viaje astral, es el acto de dejar deliberadamente su cuerpo o trasladar su conciencia desde lo físico hacia otros ámbitos. Esto plantea la pregunta, ¿qué, exactamente, está dejando el cuerpo? Y también podría preguntarse, ¿dónde esta cosa deja el cuerpo?

Usted no es su mente y no es su cuerpo. Es pura conciencia o alma. Cuando viaja por el plano astral, lo que hace es desviar su consciencia fuera del plano físico hacia el plano astral. Puede pensar en su conciencia como su cuerpo astral, que asume la construcción de su cuerpo físico, o cualquier otra cosa que encuentre para tomar en el plano astral.

Resista la tentación de pensar que todo esto es una tontería. Gracias al trabajo de científicos y mentes curiosas como Robert Muldoon, ahora se sabe más sobre el tema de los viajes astrales. No es mera ficción. De hecho, es real.

La proyección astral es una práctica antigua y atraviesa muchas culturas. Tenemos que agradecer a los teósofos del siglo 19 por el término "proyección astral". Este fenómeno ocurre a menudo con la meditación constante y con los sueños lúcidos. Hay quienes han logrado realizar viajes astrales practicando la autohipnosis o usando sustancias alucinógenas. Hay científicos que clasifican la proyección astral como nada más que pseudociencia, pero es simplemente su ignorancia deliberada y arrogancia lo que les impide explorar un mundo muy real y rico que existe. Quizás les moleste percibir que hay cosas que no se pueden medir con sus herramientas físicas.

Por Qué Debería Aprender a Proyectarse Astralmente

Para practicar correctamente la magia, debe ser muy consciente de quién es. Esto significa que debe ir más allá de conocer a la persona física que está sentada en este momento, leyendo este libro. Debe conocer todos los aspectos de sí mismo, porque solo entonces podrá realmente tener el control de su vida. Con la proyección astral, es cada vez más fácil crear una vida en concordancia con su Verdadera Voluntad.

La proyección astral es una excelente herramienta para fomentar su crecimiento espiritual, y la expansión de su conocimiento o consciencia. Le permite trabajar en su Verdadera Voluntad desde un plano superior (o el plano de la causa), que afecta al plano físico. Con la proyección astral, aprenderá los secretos del universo y las claves que le permitirán vivir una vida actualizada. Le otorga una visión interior, quitando el velo para que pueda ver los mundos más allá de este y adquirir conocimientos que le harán avanzar rápidamente en todos los aspectos de la vida.

Si bien hay muchas personas que piensan que la proyección astral es una farsa, sería inmensamente beneficioso para ellos experimentarla incluso una vez. Si hay algo que la mayoría de los proyectores astrales le dirán, es que han perdido el miedo a la muerte. Entienden que todo lo que existe es conciencia, por lo que la muerte y la descomposición del cuerpo físico no significa la conclusión de toda la vida. Para verlo lógicamente, si la vida pudiera "terminar" o ser "quitada", ¿es acaso verdadera *vida*? La proyección astral le permite deshacerse de todas las ideas equivocadas sobre la fragilidad de la raza humana y abrazar su inmortalidad.

Otro argumento para hacer de la práctica de la proyección astral una constante en su vida es que es inmensamente útil para aprender sobre sus vidas pasadas, lo que puede brindar una visión increíble de su Verdadera Voluntad en su encarnación actual. En el viaje astral, tiene acceso a los registros akáshicos, que le permiten ver el pasado, el presente e incluso los futuros posibles con tanta claridad como ve las palabras en esta página.

El Mago sabe que la proyección astral es muy importante para trabajar en los planos internos. Esto es particularmente para servir a aquellos que urgentemente necesitan sanación, ayudar a aquellos que están muriendo a encontrar la paz en la "vida después de la muerte", y ser un faro de unidad y amor para todos los demás en niveles superiores, y así sucesivamente.

Si espera acudir a seres de otro mundo, ya sea personas que han fallecido, ángeles, espíritus u otras entidades, entonces puede hacerlo fácilmente a través del viaje astral. También puede visitar cualquier lugar que desee en la Tierra e incluso en mundos más allá. Puede ver amigos e incluso ir a lugares que algunos ejércitos no le permitirían visitar... las aplicaciones de la proyección astral son ilimitadas.

Mientras estudia magia, comprenda que es su deber descubrir los aspectos de usted que aún no ha descubierto. Debe hacer consciente lo que yace inconsciente dentro de usted. El resumen del asunto es el siguiente: para llegar a ser mejor de lo que es, acepte que es más grande de lo que cree que es. Está más allá de lo físico. Usted es conciencia. Y la conciencia es todo, demasiado vasta para ser contenida por una etiqueta, un nombre o un cuerpo.

El Cuerpo Astral

No estaría muy lejos de pensar en el cuerpo astral como un vehículo a través del cual viaja por el plano astral. El Mago con visión clarividente puede percibirlo como un aura rica en colores y hacer materia de una densidad considerablemente más nítida y fina que el cuerpo físico. El cuerpo astral permite que los deseos, emociones, pasiones y sentimientos se expresen y transmitan entre su cuerpo y su mente, siendo esta última un vehículo considerablemente más nítido que su cuerpo.

Todo el mundo tiene un cuerpo astral, pero muy pocas personas saben que existe, e incluso menos pueden mantenerlo completamente bajo su control con la plenitud de su conciencia. Entonces se convierte en el Mago capaz de mantener el cuerpo astral bajo su control, desarrollándolo y usándolo, para que pueda cosechar los beneficios de los muchos poderes que le han conferido.

Todos se proyectan astralmente, lo recuerden o no. El maestro proyector astral ha aprendido a trasladar su cuerpo astral a voluntad a donde sea que quiera ir. Sin embargo, otros a menudo se encuentran en un sueño vago y apenas recordado debido a lo primitivos y subdesarrollados que son sus cuerpos astrales. Se despiertan del sueño, sin tener idea de dónde han estado, qué han hecho, y a quién han conocido.

Cuando haya desarrollado su cuerpo astral a través de la práctica constante de viajes astrales, estará involucrado en actividades con significado e interesantes. No pierde tiempo para dormir porque sigue siendo muy productivo mientras se traslada por el plano astral en su cuerpo astral. Sus días ya no son aburridos ni poco interesantes, y sus noches ya no se pierden en el olvido. Se convierte en el mago real y actualizado que vive en un ciclo continuo e ininterrumpido de conciencia.

El cuerpo astral puede viajar grandes distancias en tan solo un momento. Se podría decir que se mueve a la velocidad del pensamiento. Podría estar en el otro extremo de la Tierra o del Universo en un instante.

Todas las emociones y sentimientos están dentro de su cuerpo astral. Debe aprender a interpretar lo que conforma ese cuerpo, ya que esta es la clave para desbloquear los aspectos de su psique que se han mantenido ocultos de usted hasta este momento. No hay mejor manera de comprender este aspecto de sí mismo que practicar la proyección astral, y perfeccionar sus habilidades para que no solo pueda viajar y explorar, sino también recordar cada experiencia cuando se despierte y tome conciencia en el reino físico.

La Qabalah y el Árbol de la Vida

El Árbol de la Vida es una herramienta muy útil que le ayuda a organizar un conjunto de conceptos místicos.

Está formado por 10 esferas, también conocidas como emanaciones o sefirot (singular, sefira). Todas están conectadas entre sí por 22 caminos. Los planetas se utilizan para simbolizar los sefirot, mientras que los caminos están representados por el alfabeto hebreo y se dividen en los cuatro elementos clásicos, los doce signos del zodíaco y los siete planetas clásicos. En la magia occidental, el Árbol se usa como un sistema de clasificación, y a cada camino y sefira se le asigna una idea, ya sea que esa forma sea una carta del Tarot, un elemento, un signo, un dios, entre otras cosas.

En cuanto a Crowley, es fundamental que el mago comprenda el Árbol de la Vida. Como lo escribe en Makgia Sin Lágrimas: *"El Árbol de la Vida debe aprenderse de memoria; debe conocerlo al revés, al derecho, hacia los lados y dado vuelta; debe convertirse en el trasfondo automático de todo su pensamiento. Debe seguir colgando todo lo que se encuentra en su camino en su rama adecuada".*

Al igual que el yoga, la necesidad de aprender acerca del Árbol de la Vida no se trata solo de magia. Se trata de poder conocer, por dentro y por fuera, su plan espiritual. Puede usar el Árbol para averiguar dónde desea viajar astralmente, decidir qué dios desea invocar, etc.

Métodos de Proyección Astral

Hay varios métodos para que usted saque su cuerpo astral y lo lleve al plano astral. Algunas personas logran esto a través de sueños lúcidos, donde se dan cuenta de que están soñando y luego se proyectan fuera de sus sueños hacia el plano astral. Otros usan drogas para lograr la proyección astral, aunque debo advertirle que haría bien en mantenerse alejado de ese camino. Es importante para usted mantenerse completamente a cargo de sus facultades y no bajo la influencia de sustancias que puedan alejarlo de su experiencia o llevarlo por caminos no deseados.

Dicho esto, veremos los métodos que puede usar para comenzar la proyección astral de la manera correcta, pero primero, veremos los preparativos que necesita hacer para aprender a hacer viajes astrales.

Recuerdo de Sueños

Para que sea un proyector astral exitoso, necesita mejorar el recuerdo de sus sueños. Para la mayoría de las personas, cuando se despiertan en la mañana, olvidan rápidamente la mayoría de los detalles de sus sueños, si no todos. Quizás puede identificarse con ello.

Para aumentar su recuerdo de sueños, lo primero que debe hacer es tener la intención de recordar sus sueños cada noche cuando se acuesta. Si a menudo se despierta para ir al baño durante la noche, puede poner esa intención de invocar sus sueños cada vez. Podría decirse mentalmente o en voz alta, "recordaré todos mis sueños esta noche", luego vaya a la cama sabiendo que lo hará. Haga esto noche tras noche, y su memoria mejorará.

Otra cosa que definitivamente debe hacer es obtener un diario para sus sueños. El mismo acto de escribir sus sueños hace dos cosas esenciales: primero, le dice a su mente subconsciente que recordar sus sueños es significativo para usted ahora, por lo que debe hacer todo lo posible para ayudarlo a retener esas memorias. A continuación, le ayuda a ver que surge un patrón en sus sueños, de modo que la próxima vez que esté soñando, sea más probable que tenga en cuenta que todo es un sueño cuando ocurren cosas "ilógicas"... como un hombre en una nube de algodón de azúcar en el cielo diciendo que la temperatura es un bonito unicornio verde.

Habitualmente, cuando sueña, las cosas sin sentido como el ejemplo anterior no hacen una gran cosa en su mente. En la vida real podría detenerse y pensar, "¿qué está sucediendo? ¿Por qué hay un hombre en el cielo? ¿Cómo está montando una nube? ¿Cómo es que la nube es de algodón de azúcar? ¿Qué tipo de temperatura es un bonito unicornio verde?". En su sueño, no se molestaría porque sus habilidades de pensamiento crítico se han ido a dormir en usted.

Entonces, a medida que anote sus sueños en su diario, se dará cuenta de la irracionalidad de todo, y la próxima vez que algo extraño suceda en un sueño, será más probable que se vuelva lúcido. Mientras más lúcido se vuelva, más podrá recordar, y mientras mejor sea su recuerdo de sueños, más altas serán sus probabilidades de lograr viajes astrales.

Técnicas de Proyección Astral

Técnica #1: Transferencia de Consciencia. Asegúrese de estar en su espacio tranquilo, solo, para que nadie lo pueda molestar. Vístase cómodamente y asegúrese de que la habitación esté a una temperatura en que no sienta demasiado calor o demasiado frío. Ahora, siéntese o acuéstese en una posición cómoda en la cual pueda permanecer relajado durante una hora. Ajuste lo que sea necesario inmediatamente, para que no tenga que hacer ajustes que lo saquen de su estado alterado más adelante.

Ahora, cierre los ojos y respire profundamente, permitiendo que toda la tensión física, emociones, pensamientos e intenciones negativos se esfumen con cada respiración. Si esta es su primera vez, es posible que necesite aproximadamente diez o veinte minutos para hacer una exploración corporal. Comience desde la parte superior de su cabeza hasta las plantas de los pies, relajando progresivamente cada parte del cuerpo e imaginando una onda cálida y suave de relajación que deshace todos los nudos en su cuerpo. No apresure este proceso.

Cuando se sienta bien relajado y en paz, ahora puede contar de diez a uno o cantar un mantra durante todo el tiempo que necesite hasta que entre en un estado de conciencia alterada. No se preocupe por necesitar que el estado sea profundo. Con el tiempo descubrirá que *cuanto más ligero, mejor.*

Ahora es momento de construir su cuerpo astral o cuerpo de luz. Conozca la forma que desea que asuma. Puede mantenerlo simple y dejar que adopte la misma forma que su cuerpo físico. Imagine que este cuerpo se arma poco a poco, a pocos metros de donde descansa su cuerpo físico.

A continuación, debe proyectar en este cuerpo de luz su energía mental y la energía que saca desde el cielo o la tierra. De esta forma, su energía no se agota, y puede usar la energía abundante en la naturaleza para crear lo que desee. Todo lo que debe hacer es conectarse mentalmente con la tierra o el cielo y luego ver esa corriente de energía moviéndose de cualquiera de aquellos dos hacia el cuerpo de luz que está cargando. Olvídese de las obstrucciones como el techo, las murallas o el suelo, ya que ellos no pueden interponerse en el camino de la energía divina. Si no puede dejar de distraerse con ellos, puede crear un agujero en el techo, muralla o suelo en el ojo de su mente y ver la energía a través de él. Con el tiempo, se dará cuenta de que esto no es necesario. No se sorprenda al darse cuenta de que el concepto de tiempo ha perdido todo significado. Permita que el proceso tenga lugar sin preocupaciones sobre el tiempo.

Cuando su cuerpo de luz se ha vuelto estable y sólido para usted, asígnele mentalmente su deber. Usted es responsable por ese cuerpo, y debe desmantelar ese cuerpo cuando haya logrado su propósito para que no lo siga hasta drenarse o cause problemas para otros viajeros astrales.

Dígale al cuerpo de luz lo que quiere que haga. No utilice lenguaje florido. Sea tan directo y literal como pueda ser, y acompañe las palabras de poder con imágenes en su mente respecto a lo que espera que logre. Después de hacer esto, es hora de mover su conciencia al cuerpo de luz. Traslade su conciencia de su cuerpo físico a su cuerpo de luz. No haga esto literalmente saliendo de su cuerpo; simplemente imagine que está mirando a través de los ojos de su cuerpo de luz y sintiéndose como si estuviera donde se encuentra. Mantenga su atención allí durante el mayor tiempo posible.

No intente moverse de ese lugar. Simplemente permita que su conciencia vea alrededor de la habitación desde ese lugar. Si se mueve antes de estar listo, volverá al plano físico y tendrá que empezar el proceso nuevamente. Una vez que su conciencia esté estable, puede llevar su cuerpo de luz a cualquier lugar. No tiene que caminar por una puerta o moverse a través del techo o las murallas. Puede *querer* ir a cualquier lugar, y allí estará.

Cuando termine de explorar, regrese donde armó el cuerpo de luz, luego permita que su conciencia regrese a su cuerpo físico, simplemente queriéndola de vuelta en su mente. Desmantele su cuerpo de luz imaginando que se disipa en la nada, o puede imaginar que el cuerpo de luz se reabsorbe en el suyo para que retenga toda su energía y tenga un recuerdo aún mejor de todo lo que hizo.

Técnica #2: Viajar por Meditación. Encuentre un lugar tranquilo donde no lo molesten y donde no tenga que preocuparse de que alguien se le aproxime. Esta preocupación puede obstaculizar su habilidad para relajarse. La tranquilidad es algo muy importante de practicar de manera exitosa, especialmente para un principiante. Con el tiempo, puede proyectarse sin importar el ruido circundante.

Asegúrese de que su cuerpo esté agradable y cálido cuando haga proyección astral. Si está muy frío, no puede permanecer en su estado meditativo a menos que sea un practicante avanzado. Cúbrase con un afgano o algo y use ropa suelta o permanezca desnudo debajo de las colchas. Puede sentarse o acostarse. Si está sentado, mantenga su espalda derecha para permitir el flujo de energía. Si está acostado, asegúrese de practicar en un momento en que no se quedará dormido, para que se pueda proyectar. Sea capaz de continuar en esta posición por al menos una hora sin sentirse incómodo.

Cierre sus ojos, respire lenta y profundamente, y exhale toda la tensión y el estrés de su cuerpo. Haga una lenta exploración de su cuerpo y deshágase de toda la presión imaginando una onda de relajación que desarma esos nudos. Relaje progresivamente todo el cuerpo desde la cabeza a los dedos de los pies.

Una vez que esté totalmente relajado, ingrese en su estado de conciencia alterada contando de diez a uno usando la técnica de visualización que cubrimos en el capítulo anterior. Vaya tan profundo como se sienta natural para usted, y haga lo mejor para que pueda evitar que su mente vague en cosas mundanas. Si no lo hace, simplemente se quedará dormido. Puede evitar esto diciendo un mantra o una palabra repetidamente mientras imagina un objeto tan simple como un cuadrado o un triángulo o cualquier figura que quiera. De esta manera, su mente tiene algo en qué enfocarse.

Cuando su cuerpo se adormezca, resista la tentación de moverse o contraerse o flexionar cualquier cosa. Observe la sensación o ganas de hacerlo y luego libérela. Permita que su mente vaya a la deriva buscando profundidad: ninguna visión ni ningún sonido importa. Este es el punto en que sentirá un sentido de balanceo en el interior o donde verá muchas luces de colores en la pantalla del interior de sus ojos. No intente forzarse a dejar su cuerpo. Simplemente permita que su conciencia se separe de su cuerpo cuando esté lista. Su único trabajo es estar tan separado de todo como sea posible, manteniendo el control de toda la experiencia con una voluntad sin esfuerzo.

Pronto ocurrirá que podrá ver la habitación alrededor suyo, o que podrá ver otro ambiente alrededor suyo. Esto significa que se ha proyectado astralmente. Permanezca allí por un momento y tome notas mentales de todo lo que puede ver y escuchar, para que más adelante pueda revisar su veracidad. Cuando se mueva, solo para encontrarse de vuelta en su cuerpo, simplemente dirija su conciencia de vuelta al lugar donde estaba. No intente ir a otro lugar por ahora. Permita que vuelva donde sabe. Es posible que necesite algunas sesiones más para obtener la habilidad de llevar su cuerpo astral a cualquier otro lugar. Solo dele tiempo.

¿Listo para terminar su proyección? Mueva su conciencia a su cuerpo físico volviéndose consciente de él. Cuente hacia adelante de uno a diez, retornando gradualmente a la conciencia normal. Lentamente permítase volverse consciente del cuerpo, sintiendo su cabeza, cuello, pecho, vientre, muslos, pantorrillas y pies. Suavemente flexione sus pies y manos mientras abre sus ojos, de manera agradable y lenta. No se ponga de pie demasiado rápido. Dese tiempo para acostumbrarse a lo físico.

Recuerde: debe tomar nota de sus experiencias. Observe lo que funcionó, lo que salió mal, y lo que puede ajustar durante su próxima sesión.

Capítulo Seis: Construyendo Su Espacio Sagrado

Si realmente tiene la intención de practicar la magia, debe crear un espacio sagrado dedicado a su práctica. Tener este espacio lo prepara para trasladarse a un estado mental que le permite expresar el poder dentro de usted. Sabe que cuándo está ahí debe despejar su mente y permitir que lo divino llegue a usted.

Su Altar

Piense en su altar como un espacio de trabajo sagrado, donde realiza sus rituales mágicos. El altar también es donde mantiene todas las herramientas que necesita para su práctica de magia, y todas las cosas que representan el propósito o el tema de los rituales que realiza. La mayoría de las ceremonias religiosas, mágicas y espirituales involucran el uso de altares. Los humanos siempre han creado altares para sus ceremonias religiosas y espirituales, a través de religiones y culturas, ya sea un montón de ladrillos, una mesa ubicada en el centro de su habitación, o en una esquina.

Puede escoger un altar que sea práctico y simple, o uno que sea extravagante y una vista encantadora. Al final del día, su altar, que es una mesa o una plataforma, es el lugar que trata con el mayor honor, devoción y respeto. No permite que nada ni nadie lo profane. Puede colocar objetos funcionales y simbólicos, que representan a las deidades y espíritus que honra. En su altar, usted medita, canta, dice sus oraciones, hace sus hechizos, y hace cualquier otro ritual que deba.

Cuando mantiene el altar sagrado y puro, básicamente mantiene una puerta abierta para las energías con las que trabaja para que vengan y se concentren en esa área, trabajando con usted mientras establece sus intenciones, realiza sus rituales, o celebra sus manifestaciones.

Encontrará que el altar es de muchos beneficios para usted para expresar gratitud por sus bendiciones, explorar su lado creativo, buscar orientación, fomentar el crecimiento espiritual, y yendo a una exploración cada vez más profunda de su verdadero yo.

Puede preguntarse si es necesario un altar para su práctica. Primero, debe responder algunas preguntas acerca de la magia. ¿Es algo en lo que está genuinamente interesado? ¿Encuentra que habitualmente realiza sus rituales en una habitación o área específica? ¿Encuentra que sus decoraciones cambian junto con las estaciones? Si su respuesta a tan solo una de esas preguntas es sí, entonces encontrará que tener un altar será un enorme beneficio para usted. Sin embargo, no es necesario tener uno. Al final, es su elección. Usted sabe dentro de sí mismo si debe tener un altar.

Creando Su Altar

Primero debe decidir la ubicación del altar. ¿Dónde quiere que esté? Idealmente, debe ser en parte de su hogar donde no lo molesten, ya sea en el interior o al aire libre. También debe considerar el tipo de superficie que pretende usar y dónde sería más ideal practicar su trabajo mágico en el espacio escogido.

La ubicación del altar también puede depender de la intención principal detrás de sus rituales mágicos. Por ejemplo, si está trabajando con Afrodita, la diosa del amor, puede que le resulte mejor instalar su altar en su baño o en su dormitorio. Si está trabajando con deidades o espíritus de abundancia, entonces tendría sentido colocar el altar en el comedor o en la cocina, como una representación simbólica de banquete, abundancia, calidez, seguridad, y todo lo demás relacionado con sus intenciones.

No es necesario utilizar ningún tipo de material super elegante para que sirva de superficie. Ya sea una mesa de plástico, una losa de concreto, una tabla de madera o lo que sea, solo desea que esté en algún lugar; no será molestada. Preste especial atención cuando limpie el espacio donde estará su altar, para deshacerse de la energía negativa o vieja y estancada antes de que todo esté listo. Puede quemar salvia mientras canta un mantra para limpiar la energía no deseada.

Luego, debe pensar en lo que va en su altar. Para empezar, si lo desea, puede colocar un mantel sobre su altar. Esto se lo aclara a su mente y a todas las energías presentes que este espacio está designado para trabajo sagrado. También puede aprovechar la magia del color eligiendo un color que represente su intención y la potencie. Si su ritual mágico es por amor, intente con un rojo intenso. Si es por abundancia, vea cómo funciona el verde para potenciar su ritual. Si busca tranquilidad, intente un agradable azul relajante. Para un mayor crecimiento y conocimiento espiritual, busque lavanda o púrpura.

Además del mantel del altar, necesitará objetos que representen los cuatro elementos y/o las cuatro direcciones. El uso de velas encendidas representará el fuego y el sur; usar un cuenco de agua representará el oeste y el elemento agua; las plumas pueden representar el aire y el este, mientras que un cuenco de sal (o Tierra) representará el norte, y el elemento Tierra. Puede elegir otros efectos para representar esas cosas; recuerde que su práctica es personal. Siga su intuición, y no se equivocará.

Otro objeto que necesitará es una representación de la deidad o espíritu con el que trabajará. Las velas negras se utilizan para trabajar con la energía del Dios, mientras que las velas blancas se utilizan para trabajar con la energía de la Diosa. También puede usar estatuas, símbolos, imágenes o cualquier cosa que sienta intuitivamente que es más representativa de la deidad.

Utilice cristales y piedras especiales para potenciar su magia y amplificar su intención. Diferentes cristales tienen diferentes propósitos, así que elija algo que sirva a su intención y aumente el éxito de su trabajo mágico. Para llevar las cosas a un nivel superior, considere encender incienso y hacer uso de aceites esenciales. Estos le ayudarán a crear el ambiente para su trabajo mágico, y harán que esté más conectado al trabajar con su sentido del olfato. También son muy eficaces limpiando malas energías.

Finalmente, necesitará su diario, un grimorio o un libro de sombras. En este libro, tendrá registros de todos sus rituales, hechizos, recetas, eventos lunares y notas sobre sus experiencias o conocimientos que recibió durante o después de realizar su ritual. Coloque su diario en su altar, para que sea fácil de usar y su intención sea muy clara solo para la magia.

Si está trabajando con una deidad, o espíritu, o dios, o el alma de un difunto querido, entonces debe tener objetos que los representen en el altar. Haga la investigación adecuada para saber cuáles son los mejores símbolos para usar y para que sus rituales se sientan muy auténticos para usted.

Cuidado de Su Altar

Cada día, debe asegurarse de trabajar en su altar, o al menos de trabajar alrededor de él. Encienda las velas. ¿Tiene flores allí? Cámbielas tan pronto como mueran y mantenga el agua fresca. Asegúrese que todo permanezca en su lugar. Trátelo como lo haría con una deidad sagrada viva. A menudo invoca mucha energía de su altar, por lo que debe asegurarse de que siempre sea lo correcto y que tampoco lo ignore.

Siempre que invoque una deidad, es por su mejor interés hacer algo que les muestre su gratitud. Puede presentarles una ofrenda de la naturaleza, o puede hornear algo que esté hecho con hierbas con las que resuene la deidad. Si no puede hacer eso, puede sentarse durante unos minutos, simplemente diciendo "gracias" repetidamente, y sentir que el aprecio por ellos lo invade.

Limpiando el Espacio de Su Altar

Su altar le dará una forma de enfoque, para que pueda canalizar sus intenciones espirituales de la manera más pura posible. Le permite hacer sus oraciones y afirmaciones con un sentido de claridad y con energía limpia y potente. Debe ser el lugar al que acude cuando necesite recargarse, recalibrarse, y conectarse nuevamente a tierra. Por lo tanto, es muy importante que consagre el espacio que escogió y lo santifique.

Para limpiar la zona, primero debe barrerla, una vez que esté limpia y agradable, puede empezar el proceso del sahumerio. Un sahumerio implica quemar una hierba con propiedades limpiadoras. La favorita de todas las hierbas para la limpieza es la salvia. En el proceso de vivir la vida cada día, la energía puede acumularse y estancarse, y esta energía estancada no le sirve de nada cuando está practicando sus rituales mágicos. El sahumerio es una ceremonia muy antigua en la que se queman plantas como el tabaco, la salvia y la hierba dulce. Este humo se deshace de todos los iones negativos en el espacio, y luego permite que las bendiciones fluyan por el entorno para que las cosas puedan volverse nuevas y dinámicas nuevamente. Hacer un sahumerio es simplemente reiniciar y revitalizar su espacio. Es un proceso que incluso elimina cualquier bacteria que pueda estar en el aire.

Para hacer un sahumerio en su espacio sagrado, necesitará salvia. Esta simboliza el elemento tierra. Cuando se quema, su humo simboliza el elemento aire. También necesitará una concha de abulón para colocar la salvia o cualquier otra planta sagrada con la que trabaje, para que la pueda quemar de manera segura. La concha de abulón representa el elemento agua. Si no tiene acceso a una concha, simplemente puede sostener el palito para el sahumerio con sus dedos.

Obviamente debe tener una caja de fósforos o un encendedor. Esto representará el elemento fuego. Se necesitará una pluma para representar el elemento aire. Cuando no tenga una pluma, simplemente puede agitar su palito, permitiendo que el humo represente el elemento aire.

Ayuda tener tambores sagrados o música de percusión sagrada, que representará el latido del corazón. Si no tiene acceso a música de batería o a una batería, puede simplemente dejar claras sus intenciones sobre los latidos de su corazón, y luego imaginar que hay tambores sonando. Debe confiar en la magia para que cree los sonidos para usted.

Qué Hacer Cuando No Hay Una Habitación

Puede que viva en una casa donde apenas hay espacio suficiente para tener un altar, o hay demasiadas personas en cada habitación, y eso simplemente significa que no tendrá privacidad. Si la primera situación es su caso, entonces no se preocupe por tener un espacio dedicado para realizar su magia. Esto puede ser una ventaja para usted.

Incluso si el único espacio que tiene para usted ahora es su cama, puede hacer del proceso de limpiar las energías y preparar todas sus herramientas mágicas una parte de su ritual. Piense en ello como si fuera preparar su mente para enfrentar lo místico, incluso mientras prepara su cama para lo mismo. Si le preocupa usar su cama, especialmente cuando usa velas, simplemente puede limpiar un buen lugar en el piso y luego colocar sus herramientas allí.

Si vive en una casa con demasiada gente, considere realizar sus rituales durante la noche cuando todos los demás se hayan acostado. También puede simplemente encontrar un lugar adecuado al aire libre para instalar su altar y comenzar sus rituales mágicos.

Si no tiene otras opciones, recuerde que la magia es mágica. No está limitada por la presencia o ausencia de un altar. También puede realizar sus rituales y hacer sus meditaciones. Si siente que tener un altar lo preparará, entonces puede imaginar que el lugar donde se encuentra es territorio sagrado, porque realmente lo es. También puede aferrarse a un objeto, como un cristal o una piedra, y permitir que eso sea lo que usa para centrarse y conectarse para poder trabajar con las energías que necesita mientras hace su magia.

La magia que no funciona sin la presencia de todas estas herramientas y altares no es magia en primer lugar. El propósito que estas cosas sirven es ayudarlo a ponerlo en un estado mental donde puede concentrarse fácilmente en sus intenciones. Mientras más practique, particularmente la meditación, más se dará cuenta de que donde sea que esté en el momento es espacio sagrado. Lo divino no está limitado por lo físico. Recuerde eso.

Capítulo Siete: Las Herramientas del Oficio

Hay ciertos objetos que, si bien no son necesarios, pueden ayudar al practicante de magia. Cuando prepare su práctica, comience con los objetos que históricamente han demostrado ser muy efectivos para otros que comenzaron su viaje mágico antes que usted. Luego, ajuste según sea necesario, a medida que encuentre una filosofía mágica que se adapte a su personalidad y estilo de vida. Trate de recordar que no existe una forma correcta o incorrecta de realizar su práctica mágica. Simplemente acepte lo que siente en su alma para que sea perfecto para usted.

Esté abierto a experimentar con otras herramientas, consigo mismo, o con otros que comparten el amor y la comprensión de la magia.

Las herramientas mágicas a menudo se corresponden con los cuatro elementos y las cuatro direcciones.

- **El Norte/La Tierra:** Representado por el Pentáculo y la Sal. Significa "Saber".

- **El Sur/Fuego**: Representado por la Espada y la Vela. Significa "Atreverse".

- **El Este/Aire**: Representado por la Varita y el Incienso. Significa "Querer".

- **El Oeste/Agua:** Representado por el Cáliz y el Caldero. Significa "Mantener el Silencio".

Ahora, hundamos nuestros dientes en las herramientas del oficio mágico.

El Altar: Ya hemos discutido esto. Es donde realiza la mayoría de su trabajo mágico. En el altar, habitualmente hay una representación de los cuatro elementos y las cuatro direcciones También puede encontrar imágenes de ancestros, representaciones de seres espirituales en forma de estatua o pintura, un pebetero para quemar incienso, un cuenco de ofrendas, cristales, piedras, amuletos, y todo lo que sea importante para el Mago.

El Athame: Esta es una espada ceremonial que habitualmente tiene un mango negro. Se remonta al grimorio de la Edad Media conocido como la Llave de Salomón. También verá una mención en las obras de 1950 de Gerald Gardner. El *athame* es para canalizar y dirigir energías más poderosas, que son básicamente fuego etérico. Generalmente, la hoja se deja sin afilar y tendrá algo de hierro para mantener alejadas a todas las entidades malignas durante un ritual.

Está conectado al elemento fuego debido al calor de la forja. Hay tradiciones que insisten que el athame es del elemento aire. Sin embargo, aún es una herramienta poderosa que puede usar para hacer que los espíritus o elementos hagan su voluntad, ya que también connota un aire de amenaza cuando la maneja durante un ritual.

La Campana: Esta campana es una gran herramienta para eliminar toda la energía negativa en un espacio o alrededor de un objeto o persona. También funciona para preparar la mente, poniéndola en el espacio mental para los rituales mágicos que están a punto de tener lugar. Lo mismo se puede decir de cualquier instrumento musical utilizado durante un ritual. Cuando suena la campana, capta la atención de entidades divinas útiles para fortalecer su intención y ayudarla a que se lleve a cabo.

La Escoba: Esta es una escoba, históricamente conocida como escoba de bruja. Puede ser una fuente de inspiración o terror. Las viejas Brujas inventaban pociones voladoras utilizando los ingredientes alucinatorios más peligrosos, y alzaban el vuelo bajo la influencia de sus pociones mágicas en sus escobas. La escoba es una herramienta y un símbolo de limpieza, física y mental, y se usa para purificar el espacio sagrado para su ritual. Si la pone sobre la puerta de su nueva casa, mantendrá alejadas todas las entidades negativas y toda la mala suerte. Sin embargo, cuando se mude a una casa diferente, debe tener una escoba nueva. No lleve la vieja con usted.

El Libro de las Sombras: Este es un libro que ha sido hecho a mano y está lleno de todas las recetas, hechizos, rituales y conocimientos místicos de un aquelarre de brujas o de un practicante de magia en solitario.

El Bolino: Esta herramienta tiene un mango blanco, y también es una de las favoritas de las brujas y los jardineros. Tiene estrías en la hoja interior que son muy útiles para hacer varitas. El borde exterior afilado hace un gran trabajo al cortar plantas y partirlas en trozos.

El Cáliz: Este recipiente contiene energía espiritual y generalmente contiene vino en su interior. Cuando el practicante ofrece a un invitado beber de este vino, es una invitación simbólica a participar en las bendiciones que se derivan del ritual. En wicca, el athame masculino se inserta dentro del cáliz femenino para simbolizar las relaciones sexuales, o el "Gran Rito". Esto es balancear lo masculino y lo femenino y la energía de la procreación y regeneración.

Las Velas: Estas son perfectas para darle una buena carga a su trabajo mágico. Históricamente, la llama se considera una chispa de fuerza vital o fuente de energía. Simboliza la divinidad de la comunicación y es el elemento fuego en sí mismo, que produce el cambio espiritual y físico. La vela es su energía vital y su poder mental extendido, lo que le permite proyectar su voluntad en el universo y en sus guías espirituales para que se manifieste.

El Caldero: Históricamente, el caldero era una olla de hierro fundido que nuestros antepasados usaban para cocinar. En algunas partes del mundo, aún se usa el caldero para cocinar. Esta es una herramienta mágica muy crucial. Al realizar rituales de adivinación, rituales de quema que provocan transformación, y al dirigir nuestra voluntad hacia intenciones específicas, el caldero representa todos los elementos. Su forma redonda es una representación de la tierra o la madre naturaleza. Sus tres patas representan el agua, como la doncella, o la madre anciana, o las fases de la luna. El fuego debajo de él es venerado por su poder transformador, y el humo o vapor que se eleva del caldero representa el elemento aire.

El Pebetero: Aquí es donde se quema el incienso. Hay personas que usan un incensario en su lugar. El humo que ve del incienso que se quema llevará sus mensajes e intenciones espirituales a los seres divinos con los que ha escogido trabajar. Muchos tipos de incienso tienen ingredientes específicos que ayudan con ciertos rituales, por lo que necesitará investigar para descubrir con qué tipo debe trabajar en cualquier momento. Un pebetero es básicamente un lugar seguro para quemar el incienso escogido. El incensario es un tipo de pebetero que cuelga de una cadena que puede llevar o que le permite balancear el incienso de un lado a otro mientras limpia su espacio.

La Ropa: No cualquier ropa. Este es el atuendo ritual, que es muy importante para muchos practicantes de magia. Históricamente, las brujas se ponían capas negras y oscuras por la noche para que el ojo público no cayera sobre ellas y no fueran perseguidas por practicar magia.

Necesitará tener una prenda de vestir, ya sea una camisa, una túnica, una falda, un sombrero o un par de guantes o pantalones, que solo usará durante la realización de sus rituales. Con el tiempo, descubrirá que usar ese artículo lo pondrá en un estado de ánimo mágico tan pronto como se lo ponga, para que no tenga que perder tiempo meditando o respirando, tratando de encontrar el estado de ánimo perfecto para empezar su gran trabajo.

Los Cristales: Hay todo tipo de cristales, pero cada uno es poderoso para provocar el cambio que desea en su vida. Los cristales le recuerdan al mago cuando los usa o los lleva consigo alrededor de su intención y lo que pretende ver que suceda en su vida. Las energías sutiles que emanan de los cristales se fusionan con su energía y le ayudarán con cualquier cosa que esté haciendo en la vida. A menudo tendrán la propiedad de los elementos de la vida. Por ejemplo, el ágata representa la tierra, la aguamarina representa el agua, el citrino sugiere fuego, y la lepidolita significa aire.

Los Artículos Adivinatorios: Estos artículos le permiten obtener una visión poco común de cualquier pregunta o asunto candente que tenga en su mente desde un punto de vista supernatural. Hay herramientas para adivinar las respuestas. Estas incluyen runas, cartas de oráculos, presagios de animales, alomancia (también llamada "sal derramada"), aeromancia (usar el clima), ogam, cera derretida, radiestesia, tarot, tableros espirituales, cenizas, cristales, I Ching, numerología, piromanía, astrología, bibliomancia (libros) y mucho más.

El Grimorio: Este es un registro de todas las cosas mágicas, incluidos sus experimentos, sus pensamientos y la orientación clara que ha recibido sobre cómo llevar a cabo sus rituales. Ya sea suyo o de otro, el grimorio a menudo tendrá instrucciones precisas que le mostrarán cómo invocar a un ángel o un demonio, cómo obtener y desarrollar sus poderes espirituales, y cómo realizar la adivinación correctamente. Los grimorios han estado en circulación por toda Europa desde la Edad Media, a pesar del desesperado intento de la Iglesia de quemar todas las cosas que consideraba ocultas.

En aquellos tiempos, era crucial para el practicante de magia mantener sus grimorios bien escondidos para evitar ser perseguido por la iglesia cristiana o quemado en la hoguera. Hemos recorrido un largo camino desde entonces, y ahora puede tener su grimorio de manera segura donde sea más conveniente para usted, preferiblemente en su altar para que pueda consultarlo fácilmente durante sus rituales según sea necesario.

La Ofrenda: Necesitará un cuenco de ofrendas. No importa de qué material esté hecho. El objetivo detrás de todo esto es hacer ofrendas que sean simbólicas y que sean apreciadas por la deidad con la que está trabajando.

Los Aceites: Los aceites mágicos hacen que sus rituales sean más potentes que nunca y le ayudarán a recordar sus metas mientras realiza sus ejercicios mágicos. Puede usar estos aceites para la magia con velas, meditación, cargar sus amuletos y otras herramientas, limpieza espiritual, hacer pociones, ungir o curar a otros y más. Debe asegurarse de usar solo aceites naturales, y mantenerse alejado de los aceites químicos en todos los rincones del mercado en estos días. Querrá asegurarse de que sus aceites mágicos sean aceites esenciales naturales.

El Pentáculo o El Pentagrama: En todas las culturas antiguas, desde Grecia a Egipto, desde los mayas de América Latina hasta India e incluso China, la estrella de cinco puntas o el pentagrama siempre se ha visto como un símbolo poderoso, potente y omnipresente en la historia de la humanidad. Lo descubrirá grabado en cuevas del Neolítico. Lo notará en los dibujos de la antigua Babilonia, mostrando a Venus en su viaje astrológico. También encontrará pentagramas en las escrituras hebreas.

Ya sea que lo llame pentáculo o pentagrama, significa lo mismo. Es un talismán que todo practicante de magia haría bien en poseer si pudiera. Si usa un pentáculo, lo protege de la mala suerte y las experiencias negativas. Ahuyentará a todas las entidades malvadas y acercará a las buenas para que estén dispuestas a ayudarle en todos sus esfuerzos. El pentáculo también representa los cinco elementos clásicos: Tierra, Agua, Fuego, Aire y Éter (o espíritu). Por lo general, el único punto solitario en el pentáculo se coloca hacia arriba, que representa la forma humana, y la estrella completa normalmente está dentro de un círculo, que representa la protección y el dominio de los cuatro elementos por parte del espíritu del usuario.

Los Tazones de Adivinación: Estos tazones de adivinación le brindan una visión espiritual y le permiten ver visiones. Puede usarlos con agua, fuego, humo o cualquier otra sustancia a mano.

El Bastón: Donde no es legal tener espadas, puede utilizar un bastón en su lugar. Con el bastón, demuestra que está conectado a la tierra. El bastón ha sido usado durante siglos por los chamanes, que están muy conectados entre sí. En ciertas ceremonias de primavera, también se usa para despertar a la Tierra, la Gran Madre, del letargo del invierno, golpeándola suavemente contra el suelo. Puede decorar y cargar su bastón con símbolos mágicos, runas, cristales, amuletos, aceites y hierbas. También se puede manipular en lugar de una varita.

La Varita: Esta es una varilla delgada que sostiene en su mano, generalmente hecha de madera, cristal, marfil, piedra o metales preciosos como plata y oro. El mago usa la varita para canalizar energía según sea necesario. El athame se usa a menudo para emitir órdenes, la varita se usa de una manera mucho más suave para alentar a todas las entidades y energías a conceder sus intenciones pacíficamente. Los wiccanos ven la varita mágica como una representación del elemento aire. Otras tradiciones lo ven como un símbolo del fuego.

La varita se usa para apuntar su atención hacia cualquier cosa que quiera hacer en el mundo. Comunica claramente cuál es su Voluntad en cualquier situación. Úsela para canalizar energía curativa hacia los demás o hacia usted mismo. Puede manipular la varita para implantar un propósito establecido en un talismán, cristal, vela, amuleto o cualquier otro objeto mágico con el que esté trabajando. Con ella, puede alentar suavemente a las energías espirituales que desea que vengan en su ayuda. Puede usar su varita para pescar cualquier bloqueo de energía en un lugar o en el cuerpo y quitarlo. O puede usarla para abrir sus chakras, o los de otro; crear portales que lo conectarán con reinos de otros mundos e incluso transmitir su voluntad a sus guías espirituales útiles.

La Herramienta Más Poderosa de Todas

Una herramienta determina la efectividad de todas las otras herramientas. No puede encontrarla en una tienda, tampoco puede comprarla. Me temo que esta herramienta ni siquiera es una herramienta. Entonces... ¿qué es "eso"?

En una palabra: ¡Usted!

Si bien cada herramienta mágica tiene su importancia y posee su propia vibración, que continúa creciendo cada vez más fuerte con el uso prolongado, su espíritu es lo más vital en sus rituales. Estas herramientas no tienen vida en sí mismas. Lo que las impulsa es simplemente su Voluntad e intención, su uso constante y práctica con ellas.

Siempre es importante que realice sus rituales desde un lugar de amor puro y verdadera compasión por todos los demás, con la intención de que ni usted ni nadie involucrado directa o indirectamente sufra algún daño.

Cree técnicas que funcionen bien para usted, aunque pueden diferir de las que están haciendo otros. Recuerde que tiene su propio camino especial, su propia Verdadera Voluntad. Cuando las cosas no salen como le gustaría, o su intención no se cumple de la forma que hubiera preferido, o en el momento que hubiera preferido, lo que tiene que hacer es seguir ajustándose según lo guíe su intuición, hasta volverse mejor. Continúe practicando hasta que su práctica se convierta en un hábito en el que se involucre en piloto automático, esté donde esté, sin importar las circunstancias. Nuevamente, la magia no depende de objetos o entornos. La verdadera magia está dentro de usted.

Lo dejo con este comentario final y muy importante antes de pasar al siguiente capítulo: no caiga en la trampa de atribuir poder a los objetos que están fuera de usted. Son herramientas y nada más. La mano tiene la autoridad, no el martillo en la mano. Solo hará lo que la mano le indique. Si la mano no hace nada con el martillo, entonces el martillo es simplemente otra cosa inútil. No entregue su poder a lo que no tiene vida. Asuma la responsabilidad de su vida y sus manifestaciones.

Capítulo Ocho: Preparándose para el Ritual

Practicar magia de manera efectiva significa que el mago debe participar en alguna forma de ritual para dar una dirección clara a sus intenciones y tener un enfoque distinto sobre qué energía extraer y dónde dirigirla.

¿Qué Es Un Ritual?

Es básicamente un proceso o una toda una secuencia de diversas actividades, que incluyen acciones, palabras, gestos y objetos. Estos ejercicios se realizan en un espacio sagrado y consagrado, y siempre seguirán un orden específico.

Son más comunes de lo que cree. Incluso cantar el himno nacional antes de un partido de fútbol es un ritual en sí mismo. Generalmente tendrá formalidad y, a menudo, tiene sus raíces en tradiciones antiguas. Nadie se aparta de la secuencia establecida, ya que hay reglas que deben seguirse al pie de la letra. También encontrará que la mayoría de ellos implican mucho simbolismo y actuación.

Hay todo tipo de rituales, desde sacramentos religiosos hasta ritos de adoración, ritos de purificación hasta ritos de iniciación, ritos de expiación, coronaciones, dedicatorias, matrimonios, inauguraciones presidenciales, funerales y más.

Elementos y Componentes de los Rituales

Formalismo: A menudo se establecen de acuerdo a códigos estrictos que no dan lugar a la improvisación o la desviación. El elemento del formalismo se manifiesta en la forma en que el mago y otros participantes hablan durante el evento sagrado. Hay una cierta entonación, una serie de palabras, volumen y orden, que inducen una atmósfera de magia y aceptación en todos los que participan.

Tradicionalismo: A menudo se basan en tradiciones ancestrales. Es importante permanecer fiel a la forma original del ritual tanto como sea posible para que tenga significado y logre las consecuencias deseadas.

Considere la famosa cena de Acción de Gracias, un buen ritual estadounidense, con sus orígenes en la colonización puritana de Estados Unidos.

Invariabilidad: Ningún ritual deja lugar a alteraciones. Hay una serie de movimientos o coreografías deliberadamente orquestados. Le obligará a disciplinar su cuerpo para moldear su mente en una condición adecuada para la magia.

Gobernanza de Reglas: Tienen reglas por las que se rigen. Como el elemento del formalismo, las reglas inculcan ciertas normas y controles para asegurarse de que todo comportamiento se ajuste al estado de ánimo del grupo. Las pautas aclaran qué es aceptable y qué no.

Sacrificio: La magia, por su propia definición, tiene rituales que son de naturaleza sobrenatural. Al trabajar con deidades, ángeles, demonios u otras entidades particulares, generalmente se necesitarán sacrificios. Esto no significa necesariamente que uno tenga que hacer sacrificios de sangre o algo por el estilo; simplemente puede ser suficiente que se asegure de que haya símbolos que lo representen eligiendo dar, o "sacrificar", y que esté permitiendo conscientemente a las fuerzas que necesitan trabajar en su nombre la libertad de hacerlo.

Actuación: A menudo son como una actuación en un escenario real. Tiene un espíritu de teatro, y con razón, considerando que cada elemento y objeto utilizado durante uno es simbólico, que representa algo más. Todos tienen un significado, que debe ser ejecutado por el mago.

La Importancia de los Rituales

Ya sea en su vida secular o en su vida sagrada, importan. Incluso la forma en que comienza su día, la forma en que llega al trabajo y la forma en que maneja las vacaciones o la reanudación de sus deberes son rituales. Conectan el pasado con el presente y el presente con el futuro. Perciben la continuidad y traen orden a nuestras vidas.

Los rituales mágicos lo llevan de lo secular y mundano al espacio mágico. Todas las secuencias involucradas en una funcionan de la mano para generar la energía que necesita, y luego liberar esa misma energía con precisión de láser para ayudarlo a lograr su objetivo.

El ser humano es una criatura de hábitos, por lo que no es sorprendente que encontremos mucha seguridad y comodidad en nuestros rituales. Tenemos un sentido de fiabilidad y podemos confiar en que las cosas funcionarán de una cierta manera, independientemente del aparente caos en el mundo exterior. Le permiten saber a dónde pertenece en toda la aparente aleatoriedad de la vida.

Incrustado en ellos hay mucha historia y culturas, todo ello reflejando las creencias de los magos del pasado hasta ahora. Piense en ello como un manual espiritual que tiene el modelo de la vida mágica. Como practicante de magia, tiene una meta o deseo que quiere que el universo refleje en usted. Todos los elementos, las